Anselm Grün/Meinrad Dufner

Gesundheit als geistliche Aufgabe

Vier-Türme-Verlag

Bibliographische Information der Deutschen Bibliothek

Die Deutsche Bibliothek verzeichnet diese Publikation in der Deutschen Nationalbibliographie. Detaillierte bibliographische Daten sind im Internet über http://dnb.ddb.de abrufbar.

Unveränderter Nachdruck der Münsterschwarzacher Kleinschrift „Gesundheit als geistliche Aufgabe", Band 57, als Vorzugsausgabe.

1. Auflage 2009

Umschlaggestaltung: Morian & Bayer-Eynck, www.mbedesign.de
Gesamtherstellung: Vier-Türme GmbH, Benedict Press, Münsterschwarzach

ISBN 978-3-89680-425-9

www.vier-tuerme-verlag.de

Inhalt

Vorwort zur Neuauflage

Als Pater Meinrad und ich Gesundheit als geistliche Aufgabe schrieben, war das für uns selbst eine Einladung, auf unseren Leib zu hören. Doch alles Hören auf den Leib hat uns nicht davor bewahrt, Krankheit am eigenen Leib zu erfahren. Als ich 1995 bei einem Kurs in Stuttgart am Ende einer Eucharistiefeier etwas desorientiert war und nicht mehr wußte, was ich gepredigt hatte, fuhr mich die den Kurs begleitende Schwester ins Marienhospital zur Untersuchung. Dort stellte sich heraus, daß meine Schilddrüse eine starke Überfunktion hatte. Als ich deshalb drei Wochen im Krankenhaus verbrachte, schickten mir meine Mitbrüder mit etwas Ironie und Spott mein eigenes Buch »Gesundheit als geistliche Aufgabe« ins Krankenhaus. Zunächst ärgerte mich das. Aber dann dachte ich doch darüber nach, was ich bei mir überhört hatte. Die Überfunktion der Schilddrüse hat dazu geführt, daß ich mehr arbeiten konnte, als mir gut tat. Ich hatte nicht auf die Alarmzeichen gehört. So machte mich meine Krankheit demütig. Auch wenn wir noch so gut auf unseren Leib hören, sind wir nicht davor gefeit, krank zu werden. Ich kann noch so viele Vorträge über gesunden Lebensstil halten, meine eigenen Schattenseiten entgehen mir trotzdem. Nach 13 Jahren stehe ich immer noch zu diesem Buch und denke, daß es wichtige Anstöße gibt. Was mir heute noch deutlicher geworden ist, ist auf der einen Seite der starke Zusammenhang von Leib und Seele, auf der anderen Seite die Gefahr, diesen Zusammenhang vor allem kausal zu erklären. Mir hat die Unterscheidung der verschiedenen Traumdeutungsweisen bei Sigmund Freud und C.G. Jung geholfen, die Beziehung von Krankheit und Psyche besser zu verstehen. Bei Freud spricht man von kausaler Traumdeutung. Das gilt auch für die Krankheitsdeutung. Freud sieht bei einer Krankheit vor allem auf die Ursache. Ich bin krank, weil ich zuviel geraucht habe. Ich habe Magengeschwüre, weil ich Ärger heruntergeschluckt habe. Ich habe Krebs, weil ich Groll in mich hineingefressen habe. Diese kausale Deutung ist natürlich nicht völlig von der Hand zu weisen. Doch sie ist gefährlich. Denn sie vermittelt dem, der krank geworden ist, noch das Gefühl, daß er selbst daran schuld ist. Die Schuldgefühle, die dann bei jeder Krankheit in ihm auftauchen, helfen ihm nicht beim Heilungsprozeß, im Gegenteil, sie werden ihn noch tiefer in seine Krankheit verstricken. Die kausale Deutung ist immer vergangenheitsorientiert: Was habe ich verkehrt gemacht? Wo habe ich etwas verdrängt? Wo habe ich nicht richtig gelebt? In die kausale Deutung schleicht sich leicht ein moralisierender Zeigefinger ein. Zurück bleibt dann ein schlechtes Gewissen. Das führt dazu, daß manche den Zusammenhang von Psyche und Leib völlig leugnen. Denn es würde sie überfordern, wenn sie mit ihrer eigenen Schuld konfrontiert würden.

Hilfreicher ist mir da die Deutung, die C. G. Jung nicht nur bei den Träumen, sondern auch bei der Krankheit anwendet: die finale Deutung. Sie fragt: Worauf zielt meine Krankheit? Was will sie mir sagen? Was soll ich deutlicher betonen in meinem Leben? Was sollte ich ändern? Diese Fragestellung sieht in die Zukunft. Und sie verzichtet darauf, mit Schuldzuweisungen zu arbeiten. Sie führt zu einem freundlicheren Umgang mit mir selbst. Sie geht auch davon aus, daß Leib und Seele miteinander verflochten sind. Aber sie reduziert die Krankheit nicht auf seelische Ursachen. Die Krankheit ist vielmehr ein freundlicher Hinweis meiner Seele, auf Dinge zu achten, die mir bisher unbewußt waren. Jung spricht nicht von kausaler Verkettung, sondern von Synchronizität, von Gleichzeitigkeit der seelischen und körperlichen Vorgänge. Oft drückt eine Krankheit einen seelischen Zustand aus, ohne daß man genau sagen könnte, was zuerst ist.

Zu mir kam eine junge Frau und fragte mich: »Ist Sehnenriß psychisch bedingt?« Ich antwortete ihr: »Das weiß ich nicht. Aber warum fragst Du das? Was ist der Hintergrund, auf dem Du diese Frage stellst?« Da erzählte sie mir, sie sei mit einem jungen Mann befreundet gewesen. Doch dann sei die Freundschaft auseinandergebrochen. Kurz drauf habe sie Volley-Ball gespielt. Sie sei hochgesprungen. Und als sie mit ihren Füßen wieder auf den Boden kam, spürte sie, daß ihr die Sehne gerissen war. Die anderen Spielerinnen sagten: »Das kann doch nicht sein. Das war doch ein ganz normaler Sprung. Man sieht doch nichts.« Sicher kann man nicht sagen, daß das Auseinanderbrechen der Beziehung schuld daran war, daß sich die junge Frau die Sehne gerissen hat. Aber vom Konzept der Synchronizität kann man durchaus sagen: Der Sehnenriß drückte ihre innere Zerrissenheit aus, die sie durch die Beendigung der Freundschaft erfaßt hatte.

Hilfreich war mir auch die Lektüre »Mut und Gnade« von Ken Wilber.[1] Wilber beschreibt in diesem Buch das Ringen seiner Frau Treya mit dem Krebs. Beide sind Psychologen. Als die Krankheit ausbricht, haben alle ihre psychologischen Freunde Erklärungsmodelle für den Krebs parat. Treya wehrt sich gegen die Deutungen ihrer Freunde. Sie erkennt, daß ihre Freunde sich lieber Theorien über ihre Krankheit machen, anstatt sich auf sie als kranke Frau einzulassen. Deshalb wird sie allergisch gegen allzu eilfertige Deutungsversuche. Ken Wilber macht sich Gedanken über den Zusammenhang von Leib und Seele. Er kritisiert dabei vor allem die Auffassung des New-Age-Denkens, daß unser Geist allein unsere körperlichen Krankheiten verursacht und auch heilt. Wir schaffen uns selbst unsere Krankheiten. Wilber meint, dieses Denken komme aus einer unheilvollen Identifizierung des eigenen Ego mit Gott.[2] Und er zählt die verschiedensten Auffassungen von Krankheit auf: Krankheit als Strafe Gottes (christliche Fundamentalisten), Krankheit als Lektion (New-Age), als biophysikalische Störung (Schulmedizin), als Folge von negativem Karma (Reinkarnationsmodell), als verdrängte Emotion (Psychologie), als Illusion (Gnosis), als unausweichlicher Bestandteil der Erscheinungswelt (Buddhismus). Und Ken Wilber ist sich bewußt, daß keine dieser Sichtweisen wirklich zutrifft. Es wird immer ein Geheimnis bleiben, wie Leib und Seele zusammenhängen.

Je näher ich einem Menschen stehe, desto stärker verbiete ich mir eine Deutung seiner Krankheit. Denn damit helfe ich ihm nicht. Ich muß erst das Geheimnis seiner und meiner Krankheit aushalten. Dann kann ich ganz behutsam fragen: Was will mir die Krankheit sagen? Was will Gott mir durch die Krankheit sagen? Welche spirituelle Aufgabe stellt mir die Krankheit? Heute würde ich nicht nur von der »Gesundheit als geistliche Aufgabe« schreiben, sondern auch von der »Krankheit als geistliche Aufgabe«. Die Krankheit zwingt mich, meine Illusionen über mich aufzugeben, mein Bild von mir und von Gott zu hinterfragen und nach dem Zerbrechen meiner Gottesbilder in aller Demut nach dem wirklichen und wahren Gott zu fragen. Und sie lädt mich ein, mich in den unbegreiflichen Gott, von dem ich glaube, daß er die Liebe ist, fallen zu lassen, mich und mein Bild von mir aufzugeben und mich Gott zu ergeben. Das wird der Anfang neuen Lebens sein, schon hier mitten in meiner Krankheit, aber auch im Tod, wenn mich die Krankheit in Gott hinein zerbricht.

Seitdem Pater Meinrad und ich dieses Buch geschrieben haben, haben wir beide im Recollectio-Haus viele Priester und Ordensleute begleitet. Da haben wir hautnah erlebt, wie eine ungesunde Frömmigkeit den Menschen krank machen kann. Dabei führt eine enge und angstmachende Spiritualität nicht immer in die körperliche Krankheit, aber doch oft genug in psychische Belastungen hinein. Daher sehen wir es als eine heute nach wie vor wichtige Aufgabe an, Kriterien für eine gesundmachende Spiritualität aufzustellen. Diejenige Spiritualität ist im Sinne Jesu, die in größere Lebendigkeit, Freiheit und Liebe hineinführt. Alles, was Angst macht, was von einem rigorosen Über-Ich diktiert ist, ist nicht im Sinne Jesu. Immer wenn eine Spiritualität ideologisch wird, wenn sie ein festes Gedankengebäude vorweist, das alles erklärt, werden wir skeptisch. Eine ideologische Spiritualität führt nie zum Leben. Sie ist oft wie ein Panzer, den manche um sich legen. Da kommt man auch durch eine behutsame geistliche Begleitung nicht heran. Diese Menschen leiden nicht an sich, wenigstens vordergründig nicht. Sie machen lieber andere leiden. Andere tun sich schwer mit ihnen. Aber sie deuten ihre Schwierigkeiten als die Anfeindungen, die die Propheten aller Zeiten erdulden mußten. Ja, sie identifizieren sich manchmal mit Jesus und rechtfertigen damit ihre Konflikte mit ihrer Gemeinde oder mit ihrer Gemeinschaft. Das ist immer höchst gefährlich. Da ist uns in den letzten Jahren die benediktinische Demut wichtig geworden. Nur wenn wir den Mut haben, in die eigene Wirklichkeit hinabzusteigen und uns vor Gott so anzunehmen, wie wir sind, wird uns das geistliche Leben gut tun. Dann kann die Wirkung entstehen, die in den letzten Jahren zahlreiche Bücher beschrieben haben: die heilende Wirkung des Glaubens, oder wie es Dale A. Matthews ausdrückt: »Glaube macht gesund.«

Anselm Grün am Fest Epiphanie 2001

Vorwort zur ersten Auflage

Pater Meinrad Dufner und Dr. Stefan Hagen, Arzt und Psychotherapeut aus Würzburg, hielten 1987 in der Abtei Münsterschwarzach einen Kurs mit dem Titel »Gesundheit als geistliche Aufgabe«. Der Kurs fand große Resonanz. Offensichtlich sprach er ein Bedürfnis an, das heute weit verbreitet ist. Viele Menschen haben heute ein Gespür dafür, daß Gesundheit mehr ist als das Reparieren des kranken Körpers, daß sie nicht durch Medizin und technische Apparaturen allein gewährleistet werden kann, sondern einen gesunden Lebensstil erfordert, ja daß die Gesundheit auch eine religiöse Dimension hat, daß sie die richtige Beziehung zu sich, zu den Menschen, zur Schöpfung und letztlich zu Gott voraussetzt.

Die Vorträge und Gespräche dieses Kurses sind in diese Kleinschrift eingeflossen. Die Wachheit für dieses Thema hat uns selbst geholfen, besser auf unseren Leib zu hören und mit ihm zu fühlen, den Sinn unserer Krankheiten zu erkennen und behutsamer und wacher mit uns umzugehen. Wir wurden aber auch sensibler, um in vielen Beicht- und Seelsorgsgesprächen auf den Zusammenhang von Krankheit und Lebensweise, von Gesundheit und Gottesbeziehung zu achten. Wir danken allen, die uns ihre Lebensgeschichte so ehrlich erzählt haben, daß wir etwas vom Geheimnis des heilenden Gottes, der uns in Jesus Christus erschienen ist, erahnt und gespürt haben. Besonders möchten wir Dr. Stefan Hagen und seiner Frau Monika danken, die das Manuskript aufmerksam gelesen und uns wertvolle Hinweise gegeben haben. Das Gespräch mit ihnen hat uns für manche Zusammenhänge die Augen geöffnet. So hoffen wir, daß die Gedanken dieser Kleinschrift, die in psychologischen Kreisen längst bekannt sind, vielen Menschen auf ihrem geistlichen Weg helfen, ihn ehrlicher und gesünder zu gehen.

Einleitung

Die Schulmedizin ist heute an eine Grenze gestoßen. Mit großem technischen Aufwand bekämpft sie die Krankheiten, die immer wieder auftreten, aber zugleich spürt sie, daß der Mensch dadurch nicht gesünder wird. Sie konnte zwar viele Krankheiten früherer Zeiten zurückdämmen, vor allem Infektionskrankheiten, aber es entstehen immer neue Krankheiten, die offensichtlich mit unserer Einstellung dem Leben gegenüber und mit unserem Verständnis der Medizin zusammenhängen. Die Grenze unseres Gesundheitswesens wird heute allen verantwortlich Denkenden bewußt. Die Gesellschaft kann das Gesundheitswesen kaum mehr finanzieren. Die Parteien bemühen sich um Kostendämpfung, aber offensichtlich bekommen sie das Problem der Gesundheit nicht in Griff. Sie kommen gegen das Konsumdenken im medizinischen Bereich nicht an. Die Haltung, es sei mit größerem technischen Aufwand und mit besseren Medikamenten auch eine bessere Gesundheit zu erreichen, scheint unausrottbar. Man schiebt die Verantwortung für die Gesundheit den Ärzten und Wissenschaftlern zu, anstatt sich selbst um eine gesunde Lebensweise zu bemühen. So gehen jährlich Milliardenbeträge der Gesellschaft durch falsche Lebensweise verloren, durch zuviel Essen und zuwenig Bewegung, durch Nikotin und Alkohol, durch Tabletten und Drogen, durch übertriebene Erwartungen an das Leben und durch die Illusion, die Gesundheit sei technisch machbar, und wir hätten ein Recht auf Gesundheit.

Neben der Schulmedizin treten heute viele andere Richtungen der Krankheitsbehandlung in Erscheinung: Psychotherapie und die verschiedensten psychologischen Techniken, Homöopathie, Fastenkuren und Vollwertkost, ganzheitliche Medizin und die vielfältigen Angebote an Geistheilung usw. Einige Vertreter der ganzheitlichen Medizin greifen auf das Modell zurück, das für die antike Medizin ursprünglich war. Denn im Ansatz war Medizin nie nur die Behandlung von Krankheiten, sondern immer auch die Kunst der gesunden Lebensführung. In der Antike war der wichtigste Bereich der Medizin die Diätetik, die Lehre vom gesunden Leben.[3] Zur Kunst des gesunden Lebens gehörte der richtige Umgang mit Licht und Luft, mit Speise und Trank, Bewegung und Ruhe, Schlafen und Wachen, Absonderungen und Ausscheidungen, mit den Affekten der Seele (affectus animi) und mit den Gefühlen und Leidenschaften. Medizin war im Ursprung immer auch religiöses Tun. Die Ärzte waren Asklepios, dem Heilgott verpflichtet. Alle Heilkraft stammte für die antiken Ärzte von Gott. Und zu einem gesunden Leben gehörte auch die Gottesverehrung, die rechte Beziehung zum Schöpfer der Welt. Die Kirche hat den Leib zu sehr der Medizin überlassen. Sie hat sich fast ausschließlich um das Heil der Seele und nicht um die Gesundheit von Leib und Seele gekümmert. Das Heil der Seele wurde nur noch übernatürlich gesehen. Daher wurden die natürlichen Regeln einer gesunden Lebensführung vernachlässigt. Doch das war nicht immer so. In der frühen Kirche beschrieb Clemens von Alexandrien Jesus als den wahren Paidagogos, als den Erzieher, der uns die Kunst des gesunden Lebens lehrt. Die Mönchsregeln aus dem 4.–6. Jahrhundert waren ein Versuch, einen Rahmen zu schaffen, in dem Mönche gesund an Leib und Seele leben konnten. Benedikts Regel ragt dabei heraus durch ihre discretio, durch das weise Maß, mit dem sie jedem der menschlichen Lebensbereiche den Raum gibt, der ihm zukommt. Was die antike Medizin als gesunde Lebensführung verstand, ist in die Regel Benedikts eingeflossen. Im Mittelalter stehen vor allem Albertus Magnus und Hildegard von Bingen in dieser Tradition des geistlichen Lebens, die Leib und Seele gesund erhält. Beide haben die Diätetik im Rahmen ihrer religiösen Unterweisung behandelt. Diätetik ist ein Teil der Aszetik, der Lehre vom geistlichen Leben. Und die diätetischen Lebensregeln verbinden sich mit dem Übungsweg der Askese, der in größere Freiheit und Gesundheit hineinführen wollte.

Heute wäre es wieder Aufgabe der Kirche, diese Einheit von Leib und Seele, von körperlicher Gesundheit und geistlichem Leben zu verkünden und zu leben. Die Kirche darf die Gesundheit nicht den Ärzten und Psychologen überlassen. Der Glaube hat in sich schon immer eine therapeutische Dimension. Das zeigt uns das Neue Testament, in dem Jesus viele Kranke heilt und immer wieder auf die heilende Kraft des Glaubens hinweist. Uns geht es in dieser Kleinschrift aber weniger um den Heilungsdienst der Kirche als um eine christliche Diätetik, um die christliche Kunst einer gesunden Lebensführung, um die geistliche Aufgabe, sich um die Gesundheit von Leib und Seele zu bemühen. Dabei steht nicht die Sorge für den Leib im Vordergrund, sondern das Hören auf ihn und seine Regungen, das Ernstnehmen seiner Reaktionen und Störungen und eine innere Achtsamkeit für den Leib als Ausdruck der Seele. Zum geistlichen Leben gehört nicht nur die Gewissenserforschung, sondern auch das Achten auf den Leib, der mir oft ehrlicher meinen inneren Zustand anzeigt als mein Gewissen.

I. Krankheit als Symbol

Die Psychosomatik betont immer wieder, daß die Störungen des Leibes nicht zufällig und rein äußerlich sind, sondern etwas über den wahren Zustand des Menschen, über seine unbewußten Wünsche und Bedürfnisse und über deren Unterdrückung und Verdrängung aussagen. Oft agiert der Leib aus, was die Seele eigentlich möchte, sich aber nicht eingesteht und so verdrängt. Daher ist es gut, auf seinen Leib zu hören, um sich selbst besser kennenzulernen. Es gibt vier Quellen für die menschliche Selbsterkenntnis: einmal unsere Gedanken und Gefühle, unsere Träume als bildhafte Darstellung unseres Zustandes, unseren Leib als Ausdruck der Seele und die Handlungsebene, also unser Verhalten, unsere Gewohnheiten, die Bewältigung unseres Alltags, unsere Arbeit und unsere Lebensgeschichte. Nur wenn wir alle vier Bereiche anschauen, können wir erkennen, wie es wirklich um uns steht. Das Nachdenken allein stößt in viele Bereiche nicht vor. Außerdem haben wir genügend Mechanismen, beim Nachdenken das Peinliche und Unangenehme auszuklammern. Der Leib ist oft ehrlicher als die Erforschung unseres Denkens. Wir meinen oft, wir seien schon frei von Ehrgeiz und von der Sucht nach Bestätigung, doch unser Schwitzen und Rotwerden zeigen, daß wir doch noch voller Spannung sind, weil wir einen guten Eindruck machen und Anerkennung finden möchten.

1. Krankheit als Ausdruck der Seele

Die Krankheit ist ein Symbol, durch das sich unsere Seele ausdrückt. Und wer die Symbolsprache der Krankheit versteht, versteht darin sich selbst besser. Er lernt seine wahren Bedürfnisse und Wünsche kennen und er kann sehen, wo und wie er sie verdrängt. In den Symbolen der Krankheit sagt ihm sein Leib, wie es wirklich um ihn steht, wo er in Zwiespalt lebt mit seinen innersten Gedanken und Gefühlen und mit seinen Vorstellungen von einem erfüllten Leben. Die Krankheit will uns eine wichtige Botschaft über unseren wahren Zustand geben. Und wir brauchen diese Botschaft immer dann, wenn wir taub geworden sind gegenüber der Stimme Gottes in unserem Gewissen oder in unseren Träumen. Wenn wir an uns vorbeileben, wenn wir die Ahnungen verdrängen, die immer wieder auftauchen und uns sagen, daß das, was wir tun, doch gar nicht stimme und nicht unserem Traum vom Leben entspreche, dann muß Gott eine lautere Sprache sprechen, die wir nicht überhören können. Dann muß er uns durch eine Krankheit die Wahrheit über uns und unser Leben sagen. Und wir täten gut, auf diese Botschaft Gottes in unserer Krankheit zu hören. Die Krankheit könnte dann zu einer wichtigen Quelle für die eigene Selbsterkenntnis werden.

So kann uns Gott durch unseren hohen Blutdruck zeigen, daß wir uns innerlich selbst unter Druck setzen, ohne daß wir es merken, daß wir innere Konflikte nicht zugeben. Der Blutdruck ist ein Alarmsignal des Körpers, daß wir besser mit uns umgehen sollen, daß wir uns den inneren Konflikten stellen und uns von den eigenen Ansprüchen befreien sollen.[4] Genau wie die Träume vieles sagen, was wir durch bewußtes Nachdenken allein nicht erkennen können, so gibt uns der Leib durch die Krankheit wertvolle Hinweise, wie es mit uns steht. Teegen meint daher, wir sollten die Krankheit nicht als Feind betrachten, sondern als Partner und Freund, »der uns belehren kann über etwas, das wir bisher nicht verstehen und verwirklichen konnten«. (Teegen 245) Wir sollten daher die Krankheit nach ihrem Sinn befragen. Die Krankheit ist eine körperliche Störung, die auf innerpsychische Störungen hinweist. Teegen regt an, mit diesen Störungen einen Dialog zu beginnen: Was wollen mir die Symptome der Krankheit sagen? Wo gehen wir nicht gut mit uns um? Wo stören wir uns selbst? Was haben wir vernachlässigt, was brauchen wir, was täte uns gut? Wir können das Symptom befragen, was es uns abnimmt:

Viele Symptome werden dazu geschaffen, die Umwelt zu beeinflussen und bestimmte Reaktionen hervorzurufen. Ein Symptom kann ein ideales Mittel sein, um andere Menschen zu manipulieren, es kann einen davor bewahren, bestimmte Dinge zu tun, es zwingt andere, uns diese Dinge abzunehmen. So können wir unsere Störung zum Beispiel fragen: »Was nimmst du mir ab, was brauche ich durch dich nicht zu tun?« oder »Wozu brauche ich dich? Was tust du für mich?« Wenn man sich auf einen solchen Dialog einläßt, ist man oft sehr betroffen von den Antworten der Störung. Die Erkenntnis, daß man sich durch eine körperliche Störung indirekt auch Vorteile verschafft, von ihr profitiert, kann jedoch auch die Bereitschaft fördern, Verhaltensweisen so zu ändern, daß sie den eigenen Zielen direkter dienen und weniger selbstzerstörerisch sind. (Teegen 256)

Die Befragung des eigenen Leibes sollte jedoch bei psychosomatischen Störungen nicht nur über den Verstand erfolgen. Denn da gerät sie in Versuchung, zuviel erklären zu wollen, und wird oft lieblos. Wir sollten vielmehr in innerer Achtsamkeit den Leib als Organ der Seele wahrnehmen. Wir könnten z.B. die Hand auf die Stelle legen, an der wir Beschwerden haben, dort den Atem hinfließen lassen und uns da hineinspüren. Am besten schließen wir die Augen, sind ganz still, spüren den Atem und schauen, welche inneren Bilder in uns auftauchen. Dann bringt uns die Krankheit in eine tiefe Verbindung mit unserem Leib. Oft meldet sich ja eine Krankheit gerade deshalb, weil wir nicht auf unseren Leib geachtet haben, weil wir nicht aus und mit ihm leben, sondern an ihm vorbei. Dann ist die Krankheit eine Herausforderung, achtsamer mit uns umzugehen und mehr Gespür für unseren Leib als Ausdruck unseres Innersten zu entwickeln.

Die Krankheit kann uns helfen, dem eigenen Schatten zu begegnen. Denn oft lebt unsere Krankheit unseren Schatten. Sie zeigt uns, was wir von unserem Leben ausgeschlossen haben. In ihr meldet sich das Ausgeschlossene, das in den Schatten Abgeschobene wieder zu Wort und zeigt uns, daß wir es in unser bewußtes Leben integrieren sollen. Insofern ist die Krankheit ein Selbstheilungsversuch. Sie bewahrt uns vor einem seelischen Zusammenbruch, der auf jeden Fall eintreten würde, wenn wir unseren Schatten weiterhin konsequent ausschließen würden.[5] Wir sollten daher die Krankheit positiv sehen. Sie stellt manchmal die für den Augenblick günstigste Lösung dar und »erspart dem Betroffenen unter Umständen Schlimmeres.« (Overbeck 36) Overbeck nennt sie »eine Anpassungsleistung an zeitweilig überfordernde äußere Realitäten bzw. innere Ansprüche.« (Overbeck 38) Die Krankheit kann uns helfen, Gefühle, die uns bisher fremd gewesen sind, wahrzunehmen und zu integrieren. Abgespaltene Persönlichkeitsanteile werden durch die Krankheit bewußt gemacht. Durch die Erweiterung der Selbstwahrnehmung kann uns die Krankheit auf unserem Reifungsweg einen Schritt nach vorne führen.

Oft ist die Krankheit auch ein Selbstschutz, ohne den wir psychisch überfordert würden. So sprechen Psychologen heute von der »Krankheit, nicht krank sein zu können«, die oft zu einem plötzlichen schweren Zusammenbruch führt, zum

»Tod am Herzinfarkt im mittleren Lebensalter nach jahrelanger scheinbarer Gesundheit ... Die Fähigkeit, krank sein zu können, kann daher einen Schutz vor physischer Selbstzerstörung bieten, ein lebensrettendes Regulativ sein.« (Overbeck 50) Die Krankheit zwingt uns, unsere Grenzen anzunehmen, und mit dem Maß zu leben, das uns gut tut und uns gesund hält.

Diese positive Aufgabe kann die Krankheit aber nur erfüllen, wenn wir sie beachten und versuchen, ihre Sprache zu verstehen. Was uns eine Krankheit sagen möchte, können wir oft schon durch das Hinhören auf ihre sprachliche Beschreibung herausfinden. Einer sagt: »Ich habe die Nase voll«, und zeigt damit, daß er überfordert ist. Ein anderer sagt: »Ich bin verschnupft«, und weist damit auf eine Kränkung hin, auf die er allergisch reagiert. Der andere meint, er habe sich angesteckt. Ihm ist jemand zu nahe gekommen und er möchte, daß ihm niemand zu nahe trete. Ein anderer sagt, er habe sich erkältet, und bezeichnet damit die Kälte, die ihm von anderen entgegenschlägt. Er fühlt sich unterkühlt und friert in der eisigen Atmosphäre des Miteinanders. (Vgl. Overbeck 41) Wenn ich auf diese Botschaft der Krankheit höre, verstehe ich meine momentane Situation besser und kann versuchen, echter und wahrer zu leben.

Die häufigsten Ursachen für das Entstehen von Krankheit sind die Aggressionshemmung, die Lust- und Bedürfnishemmung. Weil man nicht gut umgeht mit seinen Aggressionen, seinem Wunsch nach Lust und mit seinen Bedürfnissen, wird man krank. Ein falscher Asketismus, der bei Christen weitverbreitet ist, ist oft schuld an diesen Hemmungen. Man verbietet sich Lust und Bedürfnisse. Wenn ein Bedürfnis aber nicht eingestanden wird, kann es sich in der Krankheit auf eher heimliche Weise sein Recht verschaffen. Wenn sich z. B. eine Frau ständig für die Familie aufopfert und ihr Bedürfnis nach Zuwendung und Zärtlichkeit nicht zuläßt, dann kann sie sich durch eine Krankheit unbewußt die Befriedigung ihres Bedürfnisses erzwingen. Da muß sich der Mann um sie kümmern und die Kinder können nicht mehr nur von ihr fordern. Sie wird umsorgt und man nimmt auf sie Rücksicht. In verschlüsselter Form hat sie der Familie ihr Bedürfnis nach Zuwendung und zugleich nach Ruhe vor den Erwartungen der anderen mitgeteilt.

Manchen Menschen bleibt nur die Krankheit als Weg, ihren Wunsch nach Zuwendung oder auch nach Abgrenzung auszudrücken. Insofern kann die Krankheit auch eine Hilfe sein. Wenn eine Frau gegen ihren Mann nicht ankommt und sich nicht durchsetzen kann, dann bleibt ihr entweder nur der resignierende Rückzug, oder aber die Krankheit als Form, ihre innere Kraft auszudrücken und sie dem Mann gegenüber zu zeigen. Und der Mann täte dann gut daran, auf diesen Ausdruck von Aggression positiv zu reagieren. Die Krankheit eines Familienmitgliedes zeigt ja immer auch den Zustand der Familie an. Sie ist ein Spiegel, in dem sich auch die anderen sehen sollten, anstatt den Kranken nur zu bedauern und ihn halt als den Schwachpunkt der Familie anzusehen. Und gerade bei psychosomatischen Krankheiten sollte man nicht beim Kranken die Schuld suchen und überlegen, wo er psychische Probleme hat, sondern sollte seine Krankheit als Anlaß zur Gewissenserforschung nehmen. Wo bin ich schuld an seiner Krankheit? Habe ich mich ihm gegenüber so verhalten, daß ihm keine andere Lösung übrig blieb, als krank zu werden und mir mit seiner Krankheit seine wahren Bedürfnisse zu zeigen, die ich bisher übersehen habe? Und ich muß mir die ernste Frage stellen, ob und warum Menschen um mich herum krank werden. In einer Familie wird die Frau oft krank, wenn sie keine Möglichkeit hat, ihre Bedürfnisse zu leben. Aber auch die Krankheit des Mannes kann oft etwas aussagen über die Beziehung der Partner oder über die Situation in der Familie. Die Krankheit des einen kann oft eine gute Therapie für den anderen sein. Sie zwingt ihn, das in sich zu entfalten, was er bisher übersehen hat. So kann die Krankheit einer Frau den Mann dazu führen, ihr die Zärtlichkeit zu zeigen, die er ihr vor lauter Geschäftigkeit vorenthalten hat.

Natürlich gibt es auch eine Machtausübung durch die Krankheit, die erpreßt und tyrannisiert. Ich zwinge dann dem anderen meine Spielregeln auf. Wenn ich etwa auf jede Auseinandersetzung mit Kopfweh oder Hautausschlag reagiere, dann zwinge ich dem anderen meine Meinung auf. Oder wenn der Vater, der herzinfarktgefährdet ist, keine abweichende Meinung mehr zuläßt, weil

er sich darüber ja aufregen könnte, dann wird die Krankheit zur Tyrannei.
Auf die Krankheit hören würde heißen, sich mit seinem Schatten auszusöhnen, die nicht eingestandenen Bedürfnisse einzugestehen und sie in vernünftiger Weise zu leben. Wenn ich zu einem Bedürfnis stehe, gehe ich so mit ihm um, daß auch die anderen es akzeptieren können. In der Krankheit jedoch kann das uneingestandene Bedürfnis zu einem Machtmittel werden, das zerstörerisch wirkt, nicht nur auf einen selbst, sondern auch auf die Umgebung. Die Krankheit wäre ein Anruf, den eigenen Schatten anzunehmen und besser mit seinen Bedürfnissen umzugehen. Aber sie ist zugleich auch eine Herausforderung für ein neues Miteinander, in der einer dem anderen Raum gibt für seine Bedürfnisse, in der sich jeder zu Wort melden kann mit seinen Wünschen und Sehnsüchten. Zu sagen, die Krankheit des anderen wäre psychisch bedingt, hilft hier gar nicht weiter. Sie klingt für den Betroffenen wie ein Todesurteil. Er ist ja an allem schuld. Ich soll vielmehr die Krankheit des anderen als Anfrage sehen für unser Miteinander. Die Krankheit kann mir die Augen öffnen für die wahren Bedürfnisse des anderen. Und wenn ich ständig blind durch das Leben gehe, muß mir Gott oft Krankheit schicken, entweder die eigene oder die des Partners, um mir zu zeigen, wie es wirklich mit uns steht.

Eine andere Weise, die Botschaft unserer Krankheit zu befragen, ist, sich in die Störung hineinzufühlen und dadurch in Kontakt mit sich selbst zu kommen. Es geht nicht darum, die Krankheit möglichst schnell loszuwerden, sondern sie erst zu verstehen. Wir können die Störung verstehen, wenn wir uns

»entspannen, die Augen schließen und dann unser Bewußtsein nach innen und von innen heraus auf die körperlichen Störungen richten. Die dabei auftauchenden Wahrnehmungen und Bilder sind oft mit Gefühlen, Erinnerungen und Einstellungen verbunden. Mit dem Zulassen der inneren Bilder werden wesentliche Lebenserfahrungen auch gefühlsmäßig wieder präsent.« (Teegen 72f.)

So wurden z. B. Männer und Frauen mit verschiedenen Hauterkrankungen zu folgender Übung angeleitet:

Die Augen schließen – sich entspannen – die eigene Haut wahrnehmen – sich in die Haut einfühlen – in der Rolle der Haut sprechen.

Allen Teilnehmern hatte ihre Haut direkt etwas zu sagen. Sie trat als Mahner, Warner und Helfer auf, und ihre Appelle waren mehr oder weniger freundschaftlich.

Ein Vierunddreißigjähriger, der seit zwanzig Jahren an Schuppenflechten an Hals, Kopfhaut und Unterarmen leidet, erhielt folgende Botschaft: »Wir machen dich darauf aufmerksam, daß du mit deinem Körper nicht gut umgehst, dir zuviel aufbürdest, und daß deine Situation nicht gut ist und daß du diese Situation schleunigst ändern solltest und daß du Entscheidungen und neuen Möglichkeiten nicht ausweichst: Wir passen darauf auf, daß du dich nicht zu sehr unterdrücken und einspannen läßt und daß du deine Interessen hast und sie auch vor Freunden wahrnimmst.« (Teegen 76f.)

Anfangs fanden die Teilnehmer diese Art der Kontaktaufnahme mit sich selbst lächerlich, waren jedoch nach der Sitzung beeindruckt über die Intensität ihres Erlebens und nutzen diesen Dialog mit ihrer Haut auch weiterhin, um ihre inneren Bedürfnisse besser zu erkennen. (Teegen 78f.)

Wenn wir uns in die Symptome hineinfühlen, brauchen wir nur ihre Bildhaftigkeit zu beachten. Dann geht uns oft von selbst auf, was sich hinter unserer Krankheit versteckt. So kann eine Allergie darauf hinweisen, daß wir uns gegen eine Lebenssituation wehren, daß wir den Widerstand aber nicht bewußt eingestehen und keine Konsequenzen ziehen. Zugleich kann Allergie natürlich auch mitgegeben sein. Aber auch dann wäre es falsch zu sagen: Da kann man nichts dafür. Das ist vererbt. Denn wenn die Allergie nicht erworben, sondern angeboren ist, muß ich mich gerade damit beschäftigen. Was mache ich mit der Allergie oder was macht die Behinderung mit mir? Und was wäre ihre Botschaft und Herausforderung? Bei der Allergie könnte ich mich also einerseits nach den inneren Abwehrschlachten fragen, die ich liefere, gleichzeitig aber sollte ich auch konsequent die Diätvorschriften halten, damit die Allergie verschwinden kann. Schon die Disziplin, die das erfordert, tut auch der Seele gut. Denn da nehme ich mich selbst in die Hand, da reagiere ich aktiv auf die Krankheit und mache etwas daraus.

Es kommt gar nicht darauf an, daß die Allergie geheilt wird. Vielleicht ist sie für mich eine dauernde Botschaft, die mich dazu drängt, liebevoller mit mir und mit der Umwelt umzugehen, mich nicht ständig zu wehren, sondern sie als von Gott gegeben anzunehmen.

Viele Krankheiten, die man für psychosomatisch hält, sind gegen eine Therapie resistent. Die Symptome gehen nicht weg, obwohl in der Therapie ihre seelischen Ursachen aufgedeckt werden und die unterdrückten Bedürfnisse zugelassen und ausagiert werden dürfen. Wir sollen dann nicht meinen, wir seien gescheitert und unser Problem sei einfach zu tief. Es geht gar nicht darum, nur das Symptom zu bekämpfen und darauf fixiert zu sein. Vielleicht möchte uns das Symptom lehren, ein innerlich reicheres Leben zu führen. Wir können das Symptom bis zu unserem Tod haben. Aber wenn wir mit ihm leben und auf es hören, kann es uns reifer und weiser machen und uns den Reichtum der Seele offenbaren. Die Therapie führt nicht immer zur Heilung des Symptoms, aber sie kann dann trotzdem zum Heil der Seele führen. Die Krankheit wird zum Weg der Seele, in anderen Dimensionen zu leben. Und sie kann zu einem beständigen Begleiter werden, der uns immer wieder auf unsere Menschlichkeit hinweist. Wenn wir z. B. einen psychogenen Husten durch psychologische Gespräche unbedingt loswerden wollen, wird es uns nicht gelingen. Wir starren auf den Husten und er wird immer wieder kommen. Wir müssen uns erst einmal damit aussöhnen, in ihn hineinhorchen und uns fragen, wogegen wir unbewußte Aggressionen haben, wo wir uns eingeschnürt fühlen und einem am liebsten etwas «husten» würden. Und es wäre wichtig, den Husten als Erinnerungszeichen anzunehmen, das mich immer wieder dazu drängt, aus meiner inneren Gefangenschaft auszubrechen. Da genügt das Gespräch und die Einsicht im Kopf allein nicht. Wir müssen die Aggressionen und den darin versteckten Wunsch nach Leben und nach Freiheit und Selbständigkeit ausagieren. Da könnten wir irgendetwas Verrücktes tun, einen Ast zerbrechen und darin all die Joche zerbrechen, die uns andere aufgeladen haben. Die Propheten haben ähnliche Zeichenhandlungen getan, nicht nur, um andere auf Gottes Wirken hinzuweisen, sondern um selbst darin Gottes befreiendes Wirken zu erfahren.

Die Krankheit stellt uns die Aufgabe, die wir in langer Übung zu erfüllen haben. Aber es kann sein, daß das Symptom bleibt, auch wenn wir unsere Aufgabe erfüllt haben. Dann müssen wir uns damit aussöhnen. Auf einmal ist es nicht mehr so schlimm, daß wir den Husten haben. Wir fühlen uns trotzdem frei. Vielleicht geht der Husten irgendwann doch weg. Aber wir können auch damit leben. Und wir dürfen unseren inneren Zustand nicht daran messen, ob er weg ist oder nicht. Entscheidend ist, daß wir uns von ihm immer wieder daran erinnern lassen, was unsere Aufgabe ist: unsere Freiheit, die wir von Gott her haben, auch den Menschen gegenüber zu leben und die Lust am Leben zuzulassen. Im Umgang mit den Krankheitssymptomen brauchen wir ein Stück gesunden Humors. Er befreit uns von dem Zwang, die Symptome auf jeden Fall loswerden zu wollen, und von dem Vollkommenheitswahn, in dem wir meinen, bei einem ganz ehrlichen Leben müßten wir auch ganz gesund sein. Der Humor befreit uns zur Menschlichkeit.

Eine Frau, die an Asthma litt und darin ein Bild für das Erdrücktwerden von ihrer familiären Situation sah, arbeitete an sich und gelangte zu einer großen inneren Freiheit. Aber das Asthma kam trotzdem immer wieder. Es wäre vermessen zu sagen, sie wäre halt das richtige Problem noch nicht angegangen. Das Asthma zeige, daß sie sich weiterhin gefangen und erdrückt fühle. Ich maße mir nicht an, das innere Gefühl eines anderen in Frage zu stellen und als Abwehr zu verdächtigen. Damit würde ich der Frau unrecht tun. Es kann sein, daß das Symptom noch lange bleibt, ja sogar bis zu ihrem Tod. Es könnte dann ein hilfreicher Begleiter sein, der sie immer wieder daran erinnert, was ihre wahre Freiheit ist. Wenn das Asthma in der Nacht über sie kommt, so hilft es ihr, aufzustehen und zu arbeiten und Unerledigtes zu erledigen. Sie hat also schon einen Weg gefunden, sich von ihm zu positiven Aufgaben ermuntern zu lassen. Sie könnte aber noch lernen, den Asthmaanfall als Gelegenheit zu verstehen, zum Gebet aufzustehen und in der Gebetsgebärde der Orante mit weit ausgestreckten Armen vor Gott zu stehen und die Weite zu erspüren, die Gott ihr schenkt, eine Weite, die ihr kein Mensch nehmen kann.

Auf diese Weise könnte sie sich mit dem Asthma anfreunden. Es wäre für sie immer wieder ein Anruf Gottes, die Nacht nicht nur zum Schlafen zu nutzen, sondern auch zum Wachen und Beten. Das täte ihrer Seele und ihrem Leib gut. Wir dürfen nicht meinen, die Frau müsse unbedingt ihr Asthma loswerden. Warum eigentlich? Vielleicht bleibt sie mit ihm wesentlich lebendiger und erfährt dadurch größeren inneren Reichtum. Es ist für sie ein Erinnerungszeichen Gottes, mit dem Gott sie ermuntern möchte, sich auf ihn zu werfen und in ihm ihre Freiheit zu erfahren. Wenn sie das Asthma dankbar annimmt, dann führt es sie in eine menschliche Reife und in geistlichen Reichtum, den sie ohne das Krankheitssymptom vielleicht nicht erlangen könnte.

2. *Krankheit als Chance*

Ein Blick in das Neue Testament zeigt uns, daß wir die Krankheit nicht nur als Symbol für unseren inneren Zustand sehen dürfen, sondern auch als Ort, an dem Gott uns seine Herrlichkeit, seine Gnade zeigen, an dem er uns selbst berühren möchte. Die Heilungsgeschichten der Synoptiker wollen uns dazu einladen, in den geschilderten Krankheiten uns selbst zu erkennen. Der Gelähmte in Markus 2 ist Bild für unsere inneren Lähmungen, der Aussätzige Bild für unsere Unfähigkeit, uns selbst anzunehmen, so daß das Verdrängte aus unserer Haut heraustritt, sie aussätzig macht. Jesus heilt immer nur psychosomatische Krankheiten, Krankheiten, in denen wir daher ein Bild unserer eigenen Situation sehen dürfen. In den Kranken der Bibel hat sich unser seelischer Zustand somatisiert. Und in der Begegnung mit Jesus könnten all die kranken Haltungen in uns geheilt werden, die uns die Bibel in den verschiedenen Formen des Krankseins schildert: unsere Lähmungen und Blockierungen, unsere Blindheit, das Starre und Tote in uns, unsere Unfähigkeit, uns selbst anzunehmen, unsere innere Taubheit und Stummheit, Bilder für den Mangel an echter Kommunikation, das Verdorrte und Gekrümmte in uns und unsere Angst vor dem Leben.

Im Johannesevangelium finden wir aber noch eine andere Sichtweise, die das heute gängige psychosomatische Krankheitsverständnis relativiert und in Frage stellt. Im 9. Kapitel berichtet Johannes von der Heilung eines Blindgeborenen. Die Jünger fragen Jesus, wer da an der Blindheit dieses Menschen schuld sei, ob er selbst gesündigt habe oder seine Eltern. Sie glauben also, daß Krankheit immer die Folge einer Schuld sei. Sie verstehen die Krankheit also ähnlich wie die Psychosomatik. Nur verlagern wir heute die Schuld von der moralischen Ebene auf die psychologische. Wir glauben, daß der Kranke etwas verdrängt oder daß er einen psychischen Komplex habe, daß er falsch erzogen worden sei oder in einem kranken Familienmilieu aufgewachsen sei. So richtig diese Sicht sein kann, so gefährlich wird sie, wenn sie Ausschließlichkeit beansprucht. Denn dann erzeugen wir in jedem

Kranken ein schlechtes Gewissen. Wir reden ihm ein, daß er irgendwelche psychischen Probleme habe, die er sich nur nicht eingestehen will. Damit aber werden wir ihm nicht gerecht, ja wir können ihm sogar großes Unrecht antun.

Jesus durchbricht diese moralische und psychologische Schuldzuweisung. Er sagt: »Weder er noch seine Eltern haben gesündigt, sondern das Wirken Gottes soll an ihm offenbar werden.« (Joh 9,3) Die Krankheit kann noch einen anderen Sinn haben, als uns auf unsere seelischen Probleme hinzuweisen. Sie kann zu einem Ort werden, an dem Gottes Wirken an uns sichtbar wird und Gottes Herrlichkeit aufleuchtet. Wir müssen also nicht bei jeder Krankheit ängstlich bei uns nachforschen, was wir alles verkehrt gemacht haben und wo wir etwas verdrängen. Dieses Forschen nach den psychischen Ursachen kann unmenschlich werden. Denn dann müßten wir immer in der Angst leben, die anderen könnten in unserer Krankheit unsere Probleme sehen, wir könnten nichts mehr verbergen, wir würden aller Welt unsere Verdrängungen offenbaren. Wir wären in unserer Krankheit den Blicken der anderen ausgeliefert, Freiwild für ihre psychologischen Deutungsversuche, bloßgestellt der Neugier von Hobbypsychologen, ja letztlich unserer menschlichen Würde beraubt. Jesu Sicht der Krankheit ist da menschlicher, befreiender. Die Krankheit kann ein Bild für unsere innere Situation sein, aber sie muß es nicht. Sie kann auch einfach der Ort sein, an dem uns Gott leibhaft begegnen, an dem er uns

uns mit seiner liebenden Hand berühren möchte. Aber wie soll das Wirken Gottes an unserer Krankheit offenbar werden? In Johannes 9 wird das Tun Gottes in der Heilung des Blindgeborenen sichtbar, also in der Aufhebung der Krankheit. Die Krankheit zeigt mir meine menschliche Begrenztheit und Hinfälligkeit. Es ist nicht selbstverständlich, daß ich gesund bin. Im Gegenteil, die Krankheit zeigt viel deutlicher meine Situation vor Gott: ich bin auf seine Hilfe und auf seine Gnade angewiesen. Gott kann mich gesund machen. Gesundheit ist sein Geschenk und nicht mein Verdienst. Die Krankheit zeigt mir, daß ich keinen Rechtsanspruch auf Gesundheit habe, sondern daß alle Lebendigkeit immer Gottes Gnade ist.

Gott kann in der Krankheit an mir handeln, indem er mich heilt, aber auch, indem er mich auf die eigentliche Wirklichkeit hinweist. Was macht mein Leben aus, was gibt ihm seinen Wert, worauf kommt es letztlich an? In der Krankheit erfahre ich, daß das Eigentliche nicht meine Kraft und meine Gesundheit, nicht meine Leistung und nicht die Dauer meines Lebens ist, sondern die Durchlässigkeit für Gott. Es kommt nicht darauf an, was ich in meinem Leben alles vorweisen kann, wie stark ich bin, wievielen Menschen ich geholfen habe, sondern allein, daß ich mich und mein Leben Gott übergebe, daß ich mich ihm zur Verfügung stelle, mich ihm hinhalte und es ihm überlasse, was er mit mir und in mir wirken will und wie lange er durch mich sein Wort in die Welt sprechen will. Entscheidend ist, daß ich für Gott durchlässig werde, für seine Liebe und Barmherzigkeit, für seine Güte und Menschenfreundlichkeit. Wenn Gottes Licht durch mich in dieser Welt etwas aufscheint und Helle und Wärme spendet, dann ist es genug. Dann ist es nicht so wichtig, ob Gott durch meine Gesundheit oder Krankheit, durch meine Kraft oder Schwäche hindurchleuchtet. Wir müssen es Gott überlassen, wieviel und wo er mit unserer Lampe leuchten will. Unsere Aufgabe ist es nur, die Lampe von Schmutz zu reinigen, damit Gottes Licht durch sie durchscheinen kann. Und Gottes Licht kann auch durch einen kranken Leib scheinen, manchmal sogar intensiver als durch einen gesunden. In der Krankheit spüren wir, daß es nicht auf uns und unsere Kraft ankommt, sondern auf Gottes Liebe und Licht, die uns durchdringen wollen, um durch uns hindurch auch für die Menschen um uns herum erfahrbar zu werden.

Es wäre falsch, zu meinen, daß eine gesunde Lebensführung und ein gutes geistliches Leben unsere Gesundheit garantieren könnten. Wir müssen mit der Krankheit rechnen. Sie gehört zu unserem Menschsein dazu. Natürlich ist sie ein Mangel, etwas, das überwunden werden sollte. Aber wir sind eben Menschen, die Fehler und Mängel haben und sie auch haben dürfen. Die Krankheit nicht akzeptieren, heißt sein Menschsein nicht annehmen.
»Wer Kranksein verdrängen möchte, entzieht dem Menschen die Grundlage seines Seins. Wenn man glaubt, Kranksein verbannen zu können, versteht man den Sinn des Lebens nicht. Aus seinem Kranksein kommt Hiob zum Gespräch mit Gott

und erhält am Ende alles doppelt von dem, was ihm erst genommen wurde.«[6]

Die Krankheit ist eine Krise, in die wir geraten, damit unser Leben eine neue und bessere Grundlage erhalte. Sie schüttelt uns durcheinander, um uns neu zusammenzusetzen, um uns ganz zu Menschen Gottes zu machen, die das Licht Gottes scheinen lassen.

Aus der Krise erwächst das Licht. Menschen, die glauben, ihnen passiere nie eine Krise, sind nicht Menschen im Sinne der Gottesbildlichkeit.[7]

Krankheit und Gesundheit gehören zusammen, sie sind die zwei Seiten der Wirklichkeit. Christus ist gekommen, uns zu erlösen und uns zu heilen. Was Heil ist, erfährt nur, wer das Unheil gespürt hat. Gesundheit schätzt nur, wer die Krankheit kennt. So dürfen wir nicht gleich mit schlechtem Gewissen und mit Schuldgefühlen reagieren, wenn wir krank werden oder es sind. Wir sollen darin vielmehr unsere Menschlichkeit annehmen. Wir sind Menschen, die auf das Heil Gottes angewiesen sind, die sich nicht selbst heil machen können. Auch mit noch so gesunden Lebensregeln können wir nicht verhindern, daß wir krank werden.

Aber wenn wir die Krankheit als Krise sehen, die uns die Augen für die wahre Wirklichkeit öffnen will, dann ist sie zugleich eine Chance, daß wir durch sie Gott näherkommen. Unsere Aufgabe ist es, das Heil Gottes durch ein gesundes Leben widerzuspiegeln. Die Gebote, die Gott im Alten Testament gegeben hat, waren Wege zu einem gesunden Leben. Und alle aszetischen und diätetischen

Lebensregeln der christlichen Tradition wollen die Kunst lehren, gesund zu leben. Unsere Aufgabe ist es, diese Regeln zu befolgen und uns um unsere Gesundheit zu mühen. Aber zugleich müssen wir uns immer wieder damit aussöhnen, daß wir krank werden, daß wir nicht vollkommen sind, daß die Gesundheit nicht nur das Ergebnis unserer Mühen, sondern auch ein Geschenk ist, unverfügbar, nicht machbar. Und zu unserem Menschsein gehört die Demut, unsere Wahrheit anzunehmen, die Wahrheit, daß wir fehlbare Menschen sind, Sünder, angewiesen auf Gottes Gnade und Barmherzigkeit.

Die Krankheit zwingt uns, uns nicht von uns selbst und unserer Kraft und Gesundheit her zu definieren, sondern von Gott her. Was macht unseren wahren Wert aus? In der Krankheit stoßen wir darauf, daß wir nicht auf die natürlichen Kräfte allein bauen können. Unser Wert besteht darin, daß wir Kinder Gottes sind, daß wir von ihm geliebt sind, daß er selbst in uns wohnt. Wenn die Wohnung unseres Leibes nach außen hin immer unansehnlicher wird und durch Zerstörung bedroht ist, dann müssen wir uns in die inneren Gemächer zurückziehen, in denen Gott selbst in uns wohnt. Die Seelenburg, von der Teresa von Avila spricht, oder die innere Zelle bei Katharina von Siena, unser Raum für den Gott in uns, kann nicht zerstört werden. Die Krankheit wäre eine Chance, uns diesen inneren Räumen zuzuwenden und uns von ihnen her zu definieren.

Es gibt viele Menschen, die von Geburt an kränklich sind. Ihnen einzuflößen, daß mit ihrer

Psyche etwas nicht stimme, wäre in höchstem Grad unfair und tief verletzend. Sie haben sich ihre Konstitution nicht ausgesucht. Für sie ist ihre Krankheit eine beständige geistliche Aufgabe. Die Krankheit zwingt sie, auf ihren Leib zu achten. Sie meldet sich immer wieder zu Wort und läßt sie nicht frei schalten, wie sie wollen. Die Krankheit setzt ihnen enge Grenzen. So wird der Kranke ständig mit seiner menschlichen Gebrechlichkeit konfrontiert. Das kann sehr bitter sein, da er sich ausgeschlossen fühlt aus dem Club der Gesunden. Er tut sich schwer, an seinen Wert zu glauben. Aber da wäre die Krankheit gerade die Chance, das eigene Leben in seiner tieferen Bedeutung zu erkennen. Sie könnte die Wunde sein, durch die Gott ihn berührt. Die Wunde der Krankheit wäre dann das Einfallstor für Gottes Gnade und könnte zur Quelle des Segens werden für den Kranken selbst und für viele andere. Das durchbohrte Herz Jesu ist Symbol dafür, daß die Wunde Jesu für uns die Quelle des Lebens geworden ist. Aus der Wunde Jesu strömen Blut und Wasser, Bilder für die Sakramente, Bilder für den Geist Gottes, der auf die ganze Welt ausgegossen wird. Jesus heilt die Menschen nicht nur durch seine Taten, sondern vor allem auch durch seine Wunden. Das ist für uns ein Bild, daß wir den vergeblichen Kampf aufgeben sollen, unsere Wunden auf jeden Fall zuheilen zu lassen, sie loszuwerden, sie zuzukleben. Die Wunden dürfen offen bleiben. Wir müssen uns nur damit aussöhnen, sie als Einfallstor für Gottes Gnade und als Berührungspunkt seiner Liebe verstehen. Dann wird uns die Krankheit innerlich lebendiger und wacher machen. Sie wäre ein beständiges Erinnerungszeichen an Gott. So hat es Jakob erfahren, als er in der Nacht Gott begegnet ist und mit ihm gekämpft hat. Die intensivste Gotteserfahrung seines Lebens endete damit, daß Gott ihn auf die Hüfte schlug. Von da an hinkt er. (Vgl. Gen 32,23–33) Die lahme Hüfte ist für ihn ein Mal, das ihn an seine nächtliche Begegnung mit Gott erinnert, in der ihn Gott gesegnet und zum Stammvater der Israeliten ernannt hat. Gerade der kranke Jakob wurde zu Israel, zum Gottesstreiter, zu einer Quelle des Segens für die ganze Menschheit.

Die Krankheit will uns aber nicht nur an Gott erinnern, sondern auch an das Leben, das er uns zugedacht hat. Die Krankheit soll kein Rückzug vom Leben in die reine Innerlichkeit sein, sondern zuerst einmal ein Anruf zum Leben. Sie entsteht ja normalerweise durch nicht gelebtes Leben, durch nicht gelebte Aggressionen, ungelebte Lust und nicht zugelassene Bedürfnisse. Wenn ich keinen guten Weg finde, mich durch Aggressionen von anderen abzugrenzen, das richtige Gleichgewicht von Nähe und Distanz zu finden, dann führt die Aggressionshemmung in die Krankheit. Oder wenn ich keine passenden Formen finde, Lust zu erleben, dann habe ich die Krankheit als dauernde Lusthemmung zu erwarten. Die Lustvermeidung führt dazu, daß ich mir auf heimlichem Weg die Lust wieder verschaffe. So ist die Krankheit ein Anruf Gottes, die Lust am Leben zu lernen. Und zum Leben gehört ein gesundes Maß an

Aggression, die mir den nötigen Schutzraum vor den anderen bietet. Und es gehört eine Kultur des Eros dazu, die mir erlaubt, Lust zu genießen und die Lust zugleich als für Gott transparent zu erfahren. Gott kann uns in der Krankheit für sich aufbrechen, indem er durch die Reduzierung des äußeren Lebens den Weg zum inneren Reichtum eröffnet. Er kann uns aber auch für sich aufbrechen, indem er uns Mut macht zu größerer Lebendigkeit im rechten Umgang mit Aggressionen, mit Lust und mit Bedürfnissen.

Viele Heilige haben die Krankheit als doppelten Anruf Gottes zu mehr Leben innen wie außen erfahren. Die Krankheit hat sie zu Mystikern werden lassen, aber sie gleichzeitig zu großen äußeren Leistungen und zu intensiver Lebendigkeit herausgefordert. Drei Beispiele mögen dies zeigen:

Hildegard von Bingen hat immer wieder Phasen schwerer Krankheit durchlebt, obwohl sie so wertvolle Bücher über das gesunde Leben geschrieben und die Zusammenhänge zwischen Leib und Seele erkannt hat. Aber in ihrer Krankheit wurde sie doch zur deutschen Prophetin mit einer enormen Ausstrahlungskraft. Wenn sie gepredigt hat, haben ganze Städte Buße getan. Die Krankheit hat sie nicht am Leben gehindert, sondern sie befähigt, durch ihre Predigt Leben zu wecken. Sie hat sie auch sensibilisiert für die Schönheiten des Lebens, für die Schönheit der Natur und der Musik. So hat sie kostbare Bücher über die Natur geschrieben und herrliche Musik komponiert, die heute noch Kunde von ihrer Lebendigkeit gibt.

Bernhard von Clairvaux war wohl der bedeutendste Mann seiner Zeit. Von ihm waren viele junge Männer fasziniert und folgten ihm ins Kloster. Mit seinen Predigten rüttelte er die Menschen wach und brachte das ganze Abendland in Bewegung. Seine große Leistung als Abt, Prediger, Mystiker und politischer Ratgeber vollbrachte er aus einem ständigen Kranksein heraus. Immer war er kränklich und schwach.

Ähnliches berichtet Teresa von Avila über sich. Trotz ihrer Krankheit hat sie den Karmel in Spanien reformiert, sich gegen die Widerstände der Amtskirche durchgesetzt und viele Klöster gegründet. Und sie hat bei allen äußeren Strapazen auf den vielen Reisen Bücher geschrieben, die zur klassischen spanischen Literatur zählen und in ihrer geistlichen Tiefe wegweisend sind für jeden, der sich auf den mystischen Weg einläßt.

Diese Beispiele wollen nur zeigen, daß wir nicht vorschnell Krankheit mit psychischen Defekten gleichsetzen können. Ein körperlich kranker Mensch kann seelisch ganz gesund sein und Großes leisten. Aber umgekehrt gilt auch: ein gesundes geistliches und psychisches Leben garantiert noch keine Gesundheit des Leibes. Trotzdem sind wir ein Stück weit für unsere Gesundheit verantwortlich. Durch einen gesunden Lebenswandel fördern wir unsere Gesundheit. Und wenn wir krank sind, sollen wir uns fragen, was auch in unserer Seele krank ist oder wo wir ungesund leben, wo wir uns selbst durch Aggressionshemmung, Lust und Bedürfnishemmung vom Leben abschneiden.

Die Krankheit ist eine Chance zur ehrlichen Selbsterkenntnis. In ihr entdecken wir, was uns wirklich fehlt. Die Krankheitssymptome sind Bilder für unseren seelischen Zustand. Wir brauchen die Krankheit, um uns selbst zu erkennen. Denn keiner von uns ist von sich aus so ehrlich, daß er sich ganz und gar anschaut. Allzuleicht fallen wir den inneren Verdrängungsmechanismen zum Opfer. Der Leib zwingt uns, die Verdrängungen anzuschauen. Da werden sie sichtbar und sind nicht mehr zu übersehen. Dafür sollen wir dankbar sein. Denn sonst würden wir uns nie wirklich erkennen und wir würden unser Maß nicht finden, das wir zu einem gesunden Leben brauchen.

Diese Sicht der Krankheit wäre gerade auch für klösterliche Gemeinschaften wichtig. Doch da schließt man zumeist die Augen vor der wahren Botschaft der Krankheit, vor der Botschaft über die innere Situation des Kranken und über den Zustand der Gemeinschaft, der sich in ihm ausdrückt. Man reagiert nur medizinisch und übersieht so die Chance, die in der Krankheit liegt, die Chance zu einer gesünderen Spiritualität, die den einzelnen gesund macht, und die Chance zu einer heilenden Atmosphäre im Miteinander der Gemeinschaft.

Aber die psychosomatische Sicht der Krankheit ist und darf nicht ausschließlich sein. Oft bleibt uns nichts anderes übrig, als uns mit der Krankheit auszusöhnen und sie als Erinnerungsmal für Gott und für unser Angewiesensein auf Gott anzunehmen. Dann ist Krankheit eine Chance, in die eigene Tiefe hinabzusteigen, zu dem Ort in uns, in dem Gott selbst in uns wohnt, zu dem weder psychische noch körperliche Krankheiten Zutritt haben. In diesem Ort ist schon alles heil. Mitten in unserem kranken Leib, ja auch mitten in unserer kranken Seele wohnt Gott. Das macht unsere Würde aus. Die Krankheit zwingt uns, uns von diesem Ort her zu definieren, in dem Gott in uns wohnt. Und sie führt uns in neue Dimensionen unseres Menschseins. Sie läßt uns erahnen, was das Geheimnis unseres Lebens ist, daß wir immer auf Gott hin unterwegs sind und daß das Maß unserer Gesundheit und unserer Krankheit und die Länge unseres Lebens angesichts des unendlichen Gottes gar nicht so wichtig sind. Entscheidend ist, daß Gott uns bei unserem Namen gerufen hat und daß wir nun den Weg zu ihm gehen, um in ihm die Erfüllung all unserer Sehnsüchte zu finden.

II. Diätetik – die Lehre vom gesunden Leben

Die griechische Medizin verstand ihre Hauptaufgabe in der Lehre von der gesunden Lebensführung. Die Gesundheit des Leibes galt den Griechen als die natürliche Voraussetzung des geistigen und spirituellen Lebens. Das Tun des Arztes vergleichen sie mit dem eines Steuermanns, der das menschliche Schiff durch die Gefährdungen des Lebens mit behutsamer Hand steuert. Der Arzt stellt die Regeln auf, wie wir ein gesundes Leben zu führen vermögen, und er begleitet uns wie ein Steuermann auf der Fahrt durch das Leben. Nur wenn wir seine Regeln nicht befolgen, muß er mit seiner Heilkunst die Krankheit behandeln. Die Heilung der Krankheit ist jedoch nur sekundäre Aufgabe der Medizin.

Als Begründer der Lehre vom gesunden Leben, der sog. Diätetik, gilt Herodikos von Selymbria (5. Jh. v.Chr.), der die Meinung vertritt,

die Gesundheit entstehe, wenn der Körper in Beziehung auf die Lebensweise naturgemäß, die Krankheiten dagegen, wenn er sich naturwidrig verhielte.[8]

Hippokrates hat die Diätetik in seinem Buch »Die Regelung der Lebensweise« weiter entfaltet.

Der Mensch muß nicht nur seinen Körper, sondern auch seine Umwelt beachten, wenn er gesund leben will. Seither stand die Diätetik im Mittelpunkt der Medizin bis hinein ins hohe Mittelalter.

Doch nicht nur die Ärzte fordern eine gesunde Lebensweise, sondern auch Theologen und geistliche Führer. Die Scholastik spricht immer wieder von ordo und regula, nach der der Mensch leben müsse. Beides waren Schlüsselbegriffe mittelalterlicher Lebenshaltung. (Schipperges 64) Hildegard von Bingen, die große Mystikerin, schreibt Bücher über die Heilkunde und greift dabei auf die antike Diätetik zurück. Gleichzeitig verbindet sie die griechische Gesundheitslehre jedoch mit den Maximen der Regel Benedikts. In ihrer Erklärung der Regel entwickelt

»Hildegard eine Gesundheitslehre, welche die Regula, das ›Grundbuch menschlichen Zusammenlebens‹, mit den tiefsten Lehren Galens zu einer doctrina des inneren und äußeren Menschen verbindet. Dazu dienen Speise und Trank, Bewegung und Ruhe, Wohnen und Kleidung, wie überhaupt die fundamentale Lebensordnung aus der benediktinischen Maxime des ora et labora.« (Schipperges 64)

Dabei betont sie vor allem die discretio als entscheidenden Grundsatz einer gesunden Lebensführung. Discretio ist für Benedikt die wichtigste Tugend des Abtes als geistlichen Vater. Was für die Spiritualität gilt, das gilt nach Hildegard auch für das gesunde Leben von Leib und Seele. Und so fordert sie von ihren Schwestern immer wieder das rechte Maß im Umgang mit Licht und Luft, mit Essen und Trinken, mit Arbeit und Muße, mit Schlafen und Wachen. Ihre Diätetik ist eingebunden in ihre geistlichen Unterweisungen und in ihre Mystik. Für Hildegard besteht ein enger Zusammenhang zwischen geistlichem Leben und einer gesunden Lebensführung. Und so gibt sie ganz konkrete Anweisungen, etwa:

»der Mensch soll sich nicht gleich nach der Mahlzeit zum Schlafen legen, ehe noch die Geschmacks-, Saft-, Geruchsqualitäten an ihren Ort gelangt sind. Vielmehr soll er sich nach dem Essen noch eine Weile vom Schlafen enthalten, damit nicht, wenn er gleich nach dem Essen schläft, dieser Schlafzustand Geschmack, Saft und Geruch der Speisen in falsche, unpassende Organe leitet und sie im Gefäßsystem wie einen Staub hierhin und dorthin verwehen.« (Schipperges 70)

Wir folgen Hildegard sicher nicht in ihrer theoretischen Auffassung vom Wirken des menschlichen Körpers. Aber wir können von ihr lernen, daß wir unser geistliches Leben auch mit einer gesunden Lebensführung verbinden, daß wir wie sie Leib und Seele ernstnehmen und den scholastischen Grundsatz befolgen, daß die Gnade auf der Natur aufbaut und sie voraussetzt (gratia supponit naturam).

Die Diätetik umfaßt nach Galen die sex res non naturales: 1. Aer (Licht und Luft), 2. cibus et potus (Speise und Trank), 3. motus et quies (Bewegung und Ruhe), 4. somnus et vigilia (Schlafen und Wachen), 5. secreta et excreta (Absonderungen und

Ausscheidungen) und 6. affectus animi (Leidenschaften der Seele, Gefühle und Emotionen). Wir wollen diese sechs Bereiche kurz entfalten und dabei immer die geistliche Dimension berücksichtigen. Für das geistliche Leben ist es wichtig, daß es die natürliche Bedingung des menschlichen Lebens beachtet, daß es nicht maßlos wird, sondern wie Benedikt diskret alles ordnet. Und umgekehrt dürfen wir nie bei einem Kreisen um die Gesundheit stehen bleiben, sondern müssen immer ihre Hinordnung auf das eigentliche Leben, auf das Leben mit Gott beachten.

Der erste Grundsatz bezieht sich auf den richtigen Umgang mit Licht und Luft. Er bezieht also die Umwelt mit ein. Es ist nicht gleichgültig, in welcher Umgebung ich lebe. Die Alten hatten in ihrem Wohnungsbau noch ein gesundes Gespür dafür, wo es sich gut leben läßt. Wir hängen nicht nur in unserer Gesundheit, sondern auch in unserem seelischen Wohlbefinden ab vom Klima, von der Landschaft, von den Wohnverhältnissen. Benedikt legt nicht umsonst so großen Wert auf den äußeren Bau eines Klosters. Er vermittelt den Brüdern in einem fernen Kloster im Traum den Bauplan ihres Klosters. Ein gesunder Bau, die richtige Zuordnung von Haus und Landschaft, die Lichtverhältnisse, all das ist nicht bloße Kosmetik, sondern für ein gesundes Leben hilfreich. Dabei ist natürlich immer auch die Relativierung dieser Aussagen zu beachten. Es gibt eben auch Menschen, die in der Wüste leben, die sich einmauern lassen und von daher also keinen Wert auf die äußeren Verhältnisse legen. Es gibt die Berufung, auf alle irdischen Hilfen zu verzichten und nur in Gott seinen Halt zu finden. Aber wenn wir diese Berufung nicht haben, sollen wir auf Gottes Schöpfungsordnung schauen und uns das Leben so einrichten, daß wir gesund an Leib und Seele leben können.

Auch unser Wohnraum kann uns krank oder gesund machen. Das gilt nicht nur von falscher Bauweise und giftigen Baumaterialien oder vom falschen Standort über Wasseradern und Erdstrahlen. Das gilt auch von der Art und Weise, wie wir unseren Wohnraum eingerichtet haben. Es gibt eine pedantische Ordnung, aber es gibt auch eine Kulturlosigkeit des Wohnens, die der Seele schadet. Unsere Spiritualität sollte sich daher nicht zu gut sein, auch auf das Einrichten und Ordnen des Zimmers zu achten. In der äußeren Ordnung unseres Zimmers kann auch die Seele in Ordnung kommen. Freundliche Bilder und eine geschmackvolle Anordnung der Möbel tun auch der Seele gut. Wir sollen uns von den äußeren Dingen nicht abhängig machen, aber wir sollen auch berücksichtigen, daß wir Menschen sind, die von den Augen her leben und hygienisch mit den Augen umgehen sollen. Die Anthroposophen legen – manchmal in übertriebener Weise – auf die Kultur des Wohnens und Lebens großen Wert. Mit bestimmten Farben und Materialien richten sie die Räume her. Wir können von ihnen lernen, daß es nicht gleichgültig ist, in welchem Raum wir leben und was uns umgibt. Die äußeren Eindrücke prägen sich unserer Seele ein und können sie positiv oder negativ beeinflussen. Es wäre daher auch christlich, diesem Bereich gebührend Aufmerksamkeit zu widmen. Dazu gehört nicht nur der Wohnraum, sondern auch die akustische Umgebung. Die Musik, die wir hören, wirkt in uns weiter. Die Geräusche, die uns umgeben, beeinflussen uns. Daher muß ich gut mit meinen Ohren umgehen. Wenn ich sie ständigem Lärm aussetze, kann mich das krank machen. Es gibt auch eine Art von Musik, die etwas in mir kaputt trampelt. Das Gleiche gilt vom Fernsehen. Wir können nicht einfach zuschauen, ohne daß es auf uns wirkt. Die Frage ist, welche Bilder uns tagsüber begleiten, Bilder vom Fernsehen oder Bilder der Bibel, die uns heilen können.

Das Gespür für gesundes Essen und Trinken ist heute weit verbreitet. Wir wissen, daß wir uns zu Tode essen oder aber durch gesunde Ernährung viele Medikamente einsparen können. Viele Krankheiten sind ernährungsbedingt. Das maßvolle Essen und das Fasten waren seit jeher wichtige aszetische Mittel. Auch Benedikt schreibt in seiner Regel ein Kapitel über das Maß des Essens und Trinkens. Offensichtlich ist er davon überzeugt, daß es auch für das geistliche Leben wichtig ist, wie wir essen und trinken. Wir können das geistliche Leben nicht nur im Kopf leben. Wir müssen den ganzen Leib mit einbeziehen. Und dazu gehört eine maßvolle und gesunde Ernährung. Der Kampf um das maßvolle Essen ist jedoch vergeblich, wenn wir keine spirituelle Motivation haben. Wenn wir nur um unser Gewicht und um unsere Gesundheit kreisen, kann eine gesundheitsbewußte Ernährung auch zu einer Ideologie und zu einem freudlosen und verkrampften Tun werden. Wir müssen immer die Einheit von Leib und Seele sehen. Unser Leib ist wichtig genug, daß wir auf ihn und seine Gesetze achten und ihn im bewußten und maßvollen Essen und Trinken gut behandeln. Das heißt, daß wir ihn nicht übermäßig pflegen, sondern so mit ihm umgehen, daß er offen und transparent wird für Gottes Geist.

Unsere Art zu essen hat nicht nur Auswirkungen auf unsere Gesundheit, sondern auch auf unser geistliches Leben. Für die Alten war das maßvolle Essen ein aszetisches Mittel im Rahmen des geistlichen Ringens um die Reinheit des Herzens. Übermäßiges Essen und Trinken stacheln die Sexualität an. Daher empfehlen sie Fasten, um die Sexualität zu mäßigen. In den Extremformen der Sucht erkennen wir sofort, daß Essen und Trinken körperlich und seelisch gleichermaßen zugrunde richten. Die Beziehung zum Essen ist heute bei vielen Menschen gestört. Immer mehr leiden entweder an Eßsucht oder Magersucht. Die Sucht geht nicht nur den Leib etwas an, sie schadet auch der Seele. In der Eßsucht versucht man jeder Schwierigkeit aus dem Weg zu gehen. Mit Essen »stopft man sich voll«, um Ärger, Enttäuschung und Einsamkeit nicht spüren zu müssen. Aber dieses Vollstopfen führt zu einer ewigen Flucht und zur permanenten Enttäuschung über sich selbst. Die Psychotherapie versucht, diese

Sucht zu heilen. Aber das gelingt nur in einer radikalen geistigen und geistlichen Umstellung. Der Süchtige muß sich der Realität seines Lebens und seinen Bedürfnissen stellen. Er muß seine verdrängten Sehnsüchte zulassen. Da die Sucht immer auch eine Flucht vor Gott ist, der mich in diese Realität gestellt hat, verlangt der Kampf gegen die Sucht auch eine geistliche Umorientierung. Ich muß mich aussöhnen mit meinem Gott, der mir eine Welt zumutet, die nicht alle meine Wünsche erfüllt. Und da Sucht häufig Muttterersatz ist, drängt sie mich, in Gott und in mir selbst Geborgenheit zu suchen, bei mir selbst daheim zu sein, weil Gott selbst, das Geheimnis, in mir wohnt.

Nicht nur die Sucht wirkt auf unser geistliches Leben, sondern jede Art zu essen und zu trinken. Wie einer ißt und trinkt, sagt viel über seine geistliche Reife aus. Wenn einer alles hinunterschlingt, wird er wohl auch mit der Schöpfung und mit Gott so umgehen. Er wird dann auch Bücher verschlingen und nicht mehr wirklich genießen können. Vielleicht hat er auch das Staunen verlernt. Die Art des Essens sagt etwas über unseren Weltbezug aus. Wir behandeln die Welt und Gott ähnlich, wie wir die Speisen behandeln. Zu einem geistlichen Leben gehört das Schweigen und Staunen, das Anbeten und vor Gott zur Ruhe kommen. Ob einer das kann, zeigt sich auch in seiner Art zu essen. Nicht umsonst ist für Benedikt die Mahlzeit ein heiliges Geschehen. Die Mönche sollen nicht nur von den Gaben der Schöpfung essen, sondern gleichzeitig von dem Wort, das sie in der Tischlesung hören. Essen ist so ein geistig geistliches Geschehen, ein Empfangen und Aufnehmen von Gottes Gaben und Worten. Die äußere Form des Essens hat Auswirkungen auf den ganzen Menschen, auf seinen Leib und seine Seele. Es gibt heute oft eine Kulturlosigkeit des Essens, in der alles nur noch möglichst schnell hinunter geschlungen wird, um den Hunger zu stillen (fast food). Das Tischgebet wäre nicht nur eine fromme Übung, sondern könnte auch zu einer neuen Kultur des Essens führen. Auch wenn das Tischgebet nicht die Höchstform des Betens und oft nur Routine ist, so vermittelt es doch ein Gespür dafür, daß Essen etwas Heiliges ist, daß wir Gottes Gaben genießen dürfen. Und es gibt dem Miteinander einen gesunden Stil. Wenn jeder gleich anfängt zu essen, sobald etwas auf dem Tisch steht, kann kein Mahl mehr stattfinden, sondern nur noch ein stilloses Abfüttern. Wenn die geistlichen Schriftsteller des Mittelalters auch über so banal scheinende Dinge wie Tischsitten und Anstandsregeln geschrieben haben, so zeugt das von einem tiefen Wissen um die Wirkung des äußeren Tuns auf Seele und Leib.

Der dritte Bereich der gesunden Lebensführung bezieht sich auf den Wechsel von Bewegung und Ruhe, von Arbeit und Muße. Herodikos von Selymbria hat eine genaue Tagesordnung aufgestellt, in der die Stunden für Arbeit und Muße, für Sport und Ruhe einander abwechseln. Sein Ziel war dabei die Gesundheit des Menschen. Benedikt hat in seiner Regel das diätetische Prinzip eines gesunden Wechsels von Arbeit und Muße übernommen und zur Grundlage seiner geistlichen Lehre gemacht. Das ora et labora, das ausgeglichene Miteinander von Gebet und Arbeit wurde zu einem Kennzeichen benediktinischen Lebens. Benedikt läßt die Grundsätze der Diätetik auch für das geistliche Leben gelten und hat immer auch die therapeutische Dimension des Glaubens im Blick. Spiritualität bezieht sich nie nur auf das Geistige und Geistliche, sondern immer auf den ganzen Menschen. Hildegard schreibt in ihrer Auslegung der Regel, Benedikt habe in seiner Weisheit den scharfen Nagel der Vorschrift nicht zu hoch und nicht zu tief geschlagen. »Er traf genau die Mitte des Rades.« (Schipperges 66) Er hat in seiner Regel eine Lebensordnung aufgestellt, in der Schwache und Starke in gleicher Weise gesund und geistlich leben und wachsen konnten. Benedikts Ziel war nicht, zu einem Rekord in asketischen Leistungen anzuspornen, sondern dem Heil Jesu Christi Raum zu geben in einem Lebensmodell, das die Gesundheit des Leibes und der Seele in gleicher Weise bewirken soll.

Der Mediziner Dr. Vescovi[9] hat festgestellt, daß die benediktinische Tagesordnung dem natürlichen Biorhythmus entspricht. Viele Menschen vergewaltigen ihren eigenen Biorhythmus. Eine gesunde Ordnung des Tages hat auch eine therapeutische Wirkung auf uns. Und sie macht uns im Grunde auch leistungsfähiger. Wir richten die Stunden für Gebet und Arbeit so ein, daß sie unserem natürlichen Rhythmus entsprechen. Dann müssen wir uns nicht immer wieder zu etwas zwingen, was unserem Wesen widerspricht. Wer sich über lange Zeit auf eine gesunde Tagesordnung einläßt, kann erfahren, wie sie Leib und Seele in gleicher Weise gut tut. Das benediktinische ora et labora meint letztlich, daß ein gesundes geistliches Leben nicht ohne gesunden Lebensstil möglich ist. Der gesunde Lebensstil bezieht sich auf die richtige Einteilung der Zeit, aber auch auf die Art, wie wir die wesentlichen Dinge unseres Tages tun. Er bezieht sich z. B. auf die Körperhaltung bei der Arbeit. Sind wir da verkrampft oder haben wir ein Gespür für unsere Mitte, aus der heraus wir dann arbeiten? Welche Gedanken und Gefühle begleiten uns bei der Arbeit? Lassen wir ihnen freien Lauf oder beeinflussen wir sie bewußt positiv? Sind wir auch bei der Arbeit mit Gott verbunden oder sind wir irgendwo mit unserem Herzen? Sind wir gegenwärtig, ganz im Augenblick oder zerstreut, ausgegossen? Der Lebensstil bezieht sich ferner auf die Rituale, mit denen wir den Tag gestalten. Es gibt gesunde und ungesunde Rituale, mit denen wir den Tag formen. Es gibt das ungesunde Ritual, morgens sich mühsam aus dem Bett zu quälen und in Hast das Frühstück hinunterzuschlingen. Und es gibt das gesunde Ritual, bewußt aufzustehen, seinen Tag mit einem kurzen Gebet zu beginnen und sich zu freuen an allem, was man bewußt tut. In unseren persönlichen Ritualen finden wir unsere Identität, da können wir uns wohl fühlen, daheim. Ein gesundes geistliches Leben braucht eine klare Form, einen gesunden Lebensstil. Sonst ist es zu sehr unserem Willen ausgeliefert. Und dann fühlen wir uns ständig überfordert. Das geistliche Leben braucht eine Form, in der es sich entfalten kann, und nicht immer neue Willensentschlüsse, mit denen der Mensch oft gewaltsam gegen sich vorgeht und dann häufig mit einem permanenten schlechten Gewissen herumläuft. Das schlechte Gewissen ist nie ein guter geistlicher Ratgeber. Ein gesunder Lebensstil läßt das geistliche Leben wachsen und wirkt so heilend auf Leib und Seele. Ein geistliches Leben aber, das allein auf dem Willen gründet, strengt unsere Kräfte an und macht uns leicht krank, weil wir immer hinter unserem Willen zurückbleiben und dann in uns den Zwiespalt nicht mehr aushalten können.

Die vierte Regel der Diätetik bezieht sich auf den Wechsel von Schlafen und Wachen. Dem Menschen soll ein gesundes Maß an Schlaf zur Verfügung stehen. Benedikt sichert dieses Maß in seiner Regel den Mönchen zu. Wachen und Schlafen waren im Mönchtum ein wichtiges geistliches Thema. Wer zuviel schläft, wird schläfrig und oft genug läuft er vor etwas davon. Er stellt sich nicht der Wirklichkeit und flüchtet in den Schlaf. Wer zuwenig schläft, ist maßlos. Er überschätzt sich selbst und seine Wichtigkeit und kann sich nicht fallen lassen, nicht loslassen. Sicher ist das Maß des Schlafes für jeden verschieden. Aber jeder soll sich prüfen, einerseits ob sein Schlafbedürfnis übertrieben ist, andererseits ob er sich durch zuwenig Schlaf überfordert. Immer mehr Menschen leiden heute an Schlafstörungen. Und jeder weiß, daß das ein Zeichen für psychische Probleme ist, daß man etwas verdrängt hat oder mit etwas nicht fertig wird. Schlafstörungen sind ein Alarmsignal, daß wir auf uns achten und den wahren Ursachen auf den Grund gehen sollen. Oder aber wir können mit Morton Kelsey die Schlafstörungen als Anruf Gottes verstehen, auf den wir mit Samuel antworten sollen: »Rede, Herr, dein Diener hört.«[10] Dann sind wir nicht mehr fixiert auf unser Schlafdefizit, sondern wir erleben die Schlafstörung positiv, wir nützen sie zum Gebet oder zu geistlicher Arbeit. Am nächsten Tag wird uns der mangelnde Schlaf nicht an der Arbeit hindern. Das tut es nur, wenn wir uns ständig vorsagen, wir müßten unbedingt durchschlafen, weil wir sonst der Arbeit nicht gewachsen sind. Dabei würden wir den Schlaf nur als Mittel sehen, um unsere Arbeit leisten zu können. Der Schlaf wäre verzweckt und nicht mehr ein Ort, an dem wir in Gottes Hände fallen und an dem Gott auch immer wieder zu uns spricht.

Der Schlaf ist nicht nur die nötige Erholung für den Leib, sondern auch für die Seele. Im Schlaf regt sich die Seele in einer anderen Weise. Das Unbewußte wird aktiv, es meldet sich in den Träumen. Und die Traumrealität ist genauso wirklich wie die Realität des wachen Bewußtseins. Wenn wir gesund leben wollen, müssen wir daher auch die Traumrealität beachten. Wir sollen auf unsere Träume hören. In den Träumen deutet und kommentiert unser Unbewußtes die Tagesereignisse und unseren momentanen Zustand auf unserem Weg der Selbstwerdung. Diese Deutung sollten wir beachten. Denn unsere bewußte Sicht der Dinge ist oft sehr einseitig. Im Traum können wir erkennen, was während des Tages wirklich abgelaufen ist und welche Bedeutung es für uns hat. Aber im Traum spüren wir auch, wie es eigentlich um uns steht. In Bildern sagt uns das Unbewußte, was unsere momentane Situation ist, wo wir uns auf Irrwegen befinden und wo auf einem guten Weg, wie wir zu Gott stehen, ob wir uns ihm verschlossen oder geöffnet haben und was für Schritte jetzt dran wären. Das Hören auf unsere Träume auch auf unserem geistlichen Weg bewahrt uns davor, an unserer Wahrheit und an Gott vorbei zu leben.[11]

Im Schlaf tauchen wir nach dem jüdischen Denker Weinreb in die eigentliche Wirklichkeit ein. Wir werden angeschlossen an das göttliche Leben.[12] Im Traum spricht Gott zu unserem Herzen. Wir schwingen ein in den göttlichen Intimbereich. Daher halten die Mönche das silentium nocturnum so hoch. Das nächtliche Schweigen gibt dem Schlaf und dem Traum den heilenden und heiligen Raum, den Raum, den die Antike im Tempelschlaf geschaffen hatte. Die Stille der Nacht täte uns allen gut. Mitten im Schweigen der Nacht steigt das göttliche Wort hernieder, um an unser inneres Ohr zu dringen. Die Weihnachtsliturgie sieht dieses nächtliche Schweigen als den Ort, an dem Christus aus dem Himmel herabkam, um Mensch zu werden. Weinreb meint, unser alltägliches Leben sei nur eine Entfaltung dessen, was wir im nächtlichen Schweigen, was wir im Traum von Gott vernommen haben. Im Alltag leben wir sehr wenig aus rein rationalen Beweggründen und bewußten Willensentschlüssen. Vieles seien Rituale, die das im Traum Gesehene und Gehörte vollziehen und darstellen. Daher gebührt der Nacht ehrfürchtiges Schweigen, damit im Schlaf Gott zu unserem Herzen sprechen kann. Laute Nächte schneiden die Seele von ihrem göttlichen Wurzelgrund ab und übertönen das Sprechen Gottes im Schweigen.

Die fünfte Regel der Diätetik behandelt die Absonderungen und Ausscheidungen. Das scheint zunächst ein nebensächlicher Bereich zu sein. Doch schon Groddeck, der Begründer der Psychosomatik, behandelt ausführlich das Problem der Verstopfung, das immer auch auf die psychische Struktur des Menschen schließen läßt. Wer an Verstopfung leidet, der hält etwas zurück, was eigentlich ausgeschieden werden sollte. Und Groddeck beklagt, daß die Menschen zwar Zeit zum Essen aber nicht zum Ausleeren finden. Viele leben so, »als ob ihnen die Mutter Natur eine Blechröhre statt des Darmes mitgegeben hätte.«[13] Zu einem gesunden Leben gehört auch das Achten auf die Ausscheidungen. Hildegard von Bingen ist sich nicht zu gut, auch über diese scheinbar niederen Funktionen des Menschen zu sprechen. Denn auch sie sind

ein keineswegs zu verachtendes Instrument geistiger Existenz, weil auch sie der vita laeta dienen, der Freude zu leben. (Schipperges 72)

Und sie vergleicht den Verdauungsvorgang mit der

Kelter. Das Überflüssige wird ausgeschieden.

Was fremd ist und unnütz, das wird ausgeworfen: als Schweiß und Tränen, als Speichel und Samen, als Kot und Urin. Sie beschreibt: »Das ist so, wie wenn von den Weintrauben, die über die Kelter gehalten werden, der Wein in den Krug kommt, die Überbleibsel aber als Schalen abgestoßen werden.« (Schipperges 72)

Der Bereich der Ausscheidungen führt uns auch zum Thema der Sexualität. Gegenüber den falschen Parolen »Trimm dich durch Sexualität« und der irrigen Auffassung, nur genügend Sexualität würde uns gesund halten, muß eine diätetische Spiritualität den rechten Umgang mit der Sexualität lehren. Dabei muß sie sich freimachen von der Tabuisierung der Sexualität, wie sie in der kirchlichen Tradition zumindest unbewußt vorhanden ist. Zwischen einer zu lauten Sexualität, bei der die Seele nicht nachkommt und die den Menschen unter sexuellen Leistungsdruck setzt, und einer Verteufelung der Sexualität muß eine diätetische Spiritualität einen Mittelweg finden. Wer die Sexualität vom geistlichen Leben ausklammert, verdorrt und erstarrt. Wer sie nur mit frommen Worten sublimieren will, gerät in einen Zwiespalt. Dabei gibt es zwei Wege, die Sexualität in den geistlichen Weg zu integrieren: der Weg der Ehe geht über das Genießen der sexuellen Vereinigung und über das Transparentmachen dieser Vereinigung für die Sehnsucht nach dem Einswerden mit dem ganz Anderen, mit Gott. Sexualität leben, heißt nicht, nur die Lust zu suchen, sondern sich durch die Erfahrung der Lust auf den Weg zu Gott zu machen. Der Jungianer H. Jellouschek meint,

»daß unser Sehnsuchtspotential in einer erotischen Beziehung höchstens momenthaft, aber nicht auf Dauer unterzubringen ist, und daß diese Sehnsucht jede mögliche menschliche Liebesbeziehung übersteigt. Die Liebe zwischen den Geschlechtern ist nicht dazu da, die Sehnsucht nach umfassender Vereinigung zu stillen, sondern viel eher, sie wach und uns auf dem Weg dahin zu halten.«[14]

Es geht also in der Ehe nicht um ein bloßes Ausleben der Sexualität, sondern um ein Genießen der sexuellen Vereinigung, das zugleich die Sexualität in religiöse Sehnsucht transformiert. Dabei muß die Sexualität erst einmal zugelassen, ja gerade bei religiösen Menschen oft erst geweckt werden. Die sexuelle Energie ist immer Energie des Lebens. Wenn sie auf Eis gelegt wird, lebt der Mensch nur halb. Der Christ soll keine Angst vor der Sexualität haben, sondern er soll die Lust steigern und transformieren auf das Leben hin, auf die Lebendigkeit im Leib und auf die Erfüllung unserer Sehnsucht im Einswerden mit Gott.

Der Ehelose geht einen anderen Weg, die Sexualität zu leben. Er versucht, die Sexualität in den geistlichen Weg zu integrieren. Das geht nicht über ein Abschneiden, sondern über die Verwandlung der Sexualität in Eros. Der Eros befruchtet das geistliche Leben. Wenn der erotische Kraftstrom in die Beziehung zu Gott hineingelenkt wird,

wird das geistliche Leben intensiv und um den geistlichen Menschen herum sprudelt es vor Fruchtbarkeit. Die Verwandlung der Sexualität in Eros ist auch die Bedingung für die christliche Mystik. Dabei verlangt der Durchbruch zu wirklicher Mystik wirkliche Erotik. Die Tatsache, daß es im geistlichen Stand heute so wenig echte Mystiker gibt, hängt sicher mit dem Überspringen des Eros und der erotischen Kraft zusammen. Viele christlichen Mystiker haben uns die Verwandlung des Eros in Gotteserfahrung und Got-tesliebe vorgelebt, etwa Teresa von Avila in ihrer Beziehung zu Gratian, Franziskus und Klara, Benedikt und Scholastika.[15] Papst Gregor entfaltet das Wesen christlicher Mystik gerade in der Begegnung zwischen Benedikt und Scholastika. Der Ehelose darf die Sexualität und den Eros nicht unterdrücken, sondern er sollte sich fragen, wohin seine Eroskraft fließt, wen er liebt und wie sich seine Zuneigung und Liebe konkret äußert. In der Art, wie ich meine Liebe zu Menschen ausdrücke, zeigt sich, wie lebendig mein geistliches Leben ist. Teresa hat den Eros nicht als störendes Element in ihrer Beziehung zu Gott gesehen, sondern als belebende Kraft. Ihre Liebe zu Gratian hat sie nicht von Gott getrennt, sondern sie auf eine tiefere Weise zu Gott hingeführt. In ihrem Herzen von Gratian angerührt und aufgebrochen hat sie ihre verwundete Liebe Gott hingehalten und Gott so auf eine neue und intimere Weise lieben gelernt. Aber wie soll der Ehelose seine Sexualität in Eroskraft für sein geistliches Leben verwandeln?

Sicher nicht, indem er versucht sie geistlich in Griff zu bekommen oder sie mit Disziplin und Willenskraft niederringt, sondern indem er sie zu Ende denkt und fühlt.

Er kann sich fragen: Wonach sehne ich mich denn eigentlich in meiner Sexualität? Wir sehnen uns nach größerer Lebendigkeit, nach Hingabe, in der wir uns fallen lassen, in der wir ganz gegenwärtig, ganz lebendig, ganz echt und wahr sind. Die Erwartungen, die wir an unsere Sexualität heften, übersteigen jede mögliche Verwirklichung. Das gilt auch für die Eheleute. Nur entdecken sie im Schmecken der sexuellen Lust, daß die gelebte Sexualität nicht allein diesseitig erfüllt werden kann und daß die sexuelle Vereinigung sie genauso letztlich zu Gott führen will wie die Transformation der Sexualität im Verzicht des Ehelosen. Die Mystiker haben zurecht die Sprache der Erotik und der Sexualität aufgegriffen, um ihre tiefe Verwiesenheit auf Gott und ihre tiefe Sehnsucht nach dem Einswerden mit Gott auszudrücken. Sie haben ihre Sexualität nicht verleugnet, sondern zu Ende gedacht und das existentielle Verlangen nach Einssein, das darin steckt, auf Gott gerichtet. Sie haben ihr Ungenügen und ihre Hinordnung auf das andere Geschlecht zugegeben, es ehrlich ausgehalten und es Gott hingehalten, ohne daß sie sich eingeredet hätten, Gott würde alle ihre sexuellen Probleme schon lösen. So einfach geht es nicht. Aber wenn wir die Schriften der Mystiker lesen, etwa eines Tauler oder Eckehart, einer Hildegard oder Teresa, so spüren wir, daß ihre

Spiritualität Lebendigkeit und Menschlichkeit, Freiheit und Weite, Intimität und Zartheit atmet. Es gibt keine billigen Patentrezepte, um zu solcher erosdurchtränkten Spiritualität zu kommen. Der Weg geht für Eheleute über die Transformation der Sexualität auf Gott hin und für den Ehelosen über das Zulassen der tiefen Wunde, die das sexuelle Verlangen nach Einssein ihm schlägt. Wenn er sich in dieser Wunde von Gott berühren läßt und Ihm sein gebrochenes Herz hinhält, wird seine Sexualität zu einem erotischen Strom, der sein ganzes Leben befruchtet und um ihn herum Fruchtbarkeit verbreitet.

Die letzte diätetische Regel bezieht sich auf die affectus animi, die Leidenschaften, Emotionen und Gefühle der Seele. Die antike Heilkunst wußte also, daß uns Gedanken und Gefühle krank machen können, daß wir nicht ungestraft ständig negativen Gedanken und Gefühlen in uns Raum geben dürfen. Zu einem gesunden Leben gehört der rechte Umgang mit den Gedanken und Gefühlen. Dabei geht es nicht um ein Verdrängen und Unterdrücken der Gedanken und Gefühle, sondern um eine Achtsamkeit, damit uns negative Gedanken nicht beherrschen und krank machen. Über die krankmachenden Gedanken hat Evagrius Ponticus ein eigenes Buch geschrieben.[16] Er beschreibt, wie Gefühle des Selbstmitleids und das dauernde Jammern einen Menschen lähmen und ihn körperlich schwächen können. Und vom Dämon des Zorns sagt er, er zerfresse die menschliche Seele. Das ist ein bildhafter Ausdruck für die Einsicht des amerikanischen Krebsarztes Carl Simonton, der meint, Ärger, der ständig in sich hineingefressen werde, würde schließlich im wahrsten Sinn des Wortes die Körperzellen zerfressen.[17] Wenn der Mensch nicht mehr aktiv auf seinen Ärger reagiert, dann muß der Körper irgendwann einmal die Reaktion übernehmen und er wird davon zerfressen. Wir sind es also unserer körperlichen Gesundheit schuldig, auf unsere Gedanken und Gefühle zu achten.

Dabei geht es nicht nur darum, die negativen Gefühle durch positive zu ersetzen. Das kann ein Stück Seelenhygiene sein. Aber zunächst müssen die Gefühle erst einmal zugelassen werden. Wenn negative Gefühle, wie Haß und Wut, nur unterdrückt werden, setzen sie sich im Körper nieder. Anstatt sie zu unterdrücken, sollen wir sie anschauen und auch ausleben, allerdings immer in innerer Achtsamkeit und in Bezogenheit auf den anderen. Wer seine Wut wirklich zuläßt und anschaut, sich in sie hineinspürt, der wird nicht einfach lospoltern. Er wird sie so äußern, daß sie der andere versteht. Und nachdem er seine Wut wirklich fühlt, wird er durch die Wut hindurch zu Gefühlen wie Sehnsucht nach Nähe und Liebe vorstoßen, zu Gefühlen, die er durch die Unterdrückung der Wut nie entdecken würde. Wenn einer nur lospoltert, läuft bei ihm immer das gleiche Muster ab und er wird innerlich nicht weiter kommen. Er darf seine Aggressionen leben, aber achtsam sich selbst und dem anderen gegenüber. Heute werden viele krank, weil sie Aggressionen gegenüber Eltern oder auch gegenüber Kindern nicht zulassen und leben, weil sie Angst haben, sich abzugrenzen. Gerade die junge Generation der Eltern hat heute weniger mit dem Problem der Abgrenzung zu ihren Eltern zu tun, als mit der Abgrenzung zu den eigenen Kindern. Dahinter steckt ein zu hohes Ideal von Erziehung, das man erfüllen möchte.

Die Vätersprüche der frühen Mönche raten nicht zur Unterdrückung der Leidenschaften, sondern zu einem Dialog, oder wie es Poimen ausdrückt: wir sollen von den Leidenschaften nehmen und ihnen geben; dann werden sie uns bewährter machen. Bloßes Ausleben der Aggressionen zerstört und hindert auf dem Reifungsweg, Unterdrückung macht krank. Es geht um eine gesunde Integration. Nur so kann die Kraft, die in den Leidenschaften steckt, genutzt werden. Im Haß einem Menschen gegenüber steckt ja immer der positive Impuls: ich lasse mich nicht kaputt machen, ich will selbst leben. Auf Dauer wird der Haß mir schaden. Aber das momentane Gefühl von Haß kann mir helfen, nun wirklich einen Schritt zu tun, um mich von der Macht des anderen zu befreien. Haß ist eine Herausforderung, sich die nötige Distanz zu schaffen.

Die Mönche haben verschiedene Methoden entwickelt, mit den Gedanken und Gefühlen umzugehen.[18] Entscheidend ist für diese Methoden, daß wir die Gedanken und Gefühle ehrlich anschauen und aktiv mit ihnen umgehen. Wenn wir uns ihnen passiv überlassen, werden sie uns krank machen. Wir brauchen keine Angst vor negativen Gefühlen zu haben. Wir sind nicht verantwortlich dafür, daß sie in uns auftauchen. Wir sind nur dafür verantwortlich, wie wir mit ihnen umgehen. Dabei geht es nicht um bloß psychologische Beobachtung, sondern um ein Hinhalten der Leidenschaften vor Gott. Wenn wir alles in uns Gott hinhalten, verliert das Negative seine destruktive Kraft und wir werden erfahren, daß alles uns zum Besten dienen kann. Oder wie es der Prophet Jesaja bildhaft ausgedrückt hat: dann werden die wilden Tiere in uns Gott preisen, die Schakale und Strauße werden uns nicht mehr hinterrücks anfallen, sondern werden zur Kraft in uns, die uns lebendig macht. (Vgl. Jes 43,20)

Das geistliche Leben, wie die Mönche es beschreiben, macht uns gesund. Wir dürfen jedoch das spirituelle Leben nicht verzwecken und als Trick benutzen, der uns gesund hält. Es geht vielmehr um Gott, um ein »Sichergeben« in Gott hinein. Und da kann Gott uns durchaus auch Krankheit schicken. Die Gesundheit ist nicht das Kriterium, ob wir gottgefällig leben oder nicht. Das Heil ist nicht identisch mit Gesundheit. Es hat sich in heiligen Menschen gerade auch in ihrer Krankheit gezeigt. Paulus hat offensichtlich an einer peinlichen Krankheit gelitten. Und Gott hat ihn trotz seiner mehrfachen Bitten nicht davon befreit. Auf seine Klagen antwortet ihm Christus: »Meine Gnade genügt dir; denn sie erweist ihre Kraft in der Schwachheit.« (2 Kor 12,9) Wir müssen es Gott überlassen, ob er unsere gesunde Seele in einem gesunden Leib wohnen läßt oder aber in einem schwachen und kranken Leib, in dem Gottes Kraft umso klarer als reine Gnade, als unverdientes Geschenk sichtbar wird. Es kommt auf die Durchlässigkeit an. Ein gesunder Leib kann Gottes Heil ausstrahlen. Aber ein kranker Leib will uns zeigen, daß es auf Gottes Geist ankommt und nicht auf unsere Kraft. Gottes Geist kann auch durch ein Instrument wirken, das nicht unseren Vorstellungen von Intaktsein entspricht. Nicht wir und unser Eindruck auf die Menschen sind wichtig, sondern Gottes Geist und Gottes Kraft. Wer sich von Gottes Geist in Dienst nehmen läßt, in dem wird es auch heil, ganz gleich ob er nach außen hin gesund oder krank ist. Und er wird anderen zum Heil werden, wie es Paulus wohl in unübertroffener Weise geworden ist. Er hat den Stachel im Fleisch angenommen. Daher hat er keine Bitterkeit in ihm erzeugt, sondern Liebe und Lebendigkeit, Echtheit und Wahrhaftigkeit. Seine Krankheit hat ihn nicht blockiert, sondern aufgebrochen für die Menschen und für Gott. Mitten in seiner Krankheit hat er einen tiefen Frieden mit Gott gespürt und das Geheimnis seines Lebens verstanden, daß er Gottes Schatz in zerbrechlichen Gefäßen trägt: »So wird deutlich, daß das Übermaß der Kraft von Gott und nicht von uns kommt.« (2 Kor 4,7) Wer sein Leben als von Gott geschenkt für den Dienst an den Menschen versteht, für den ist es gleichgültig, ob er als Gesunder oder Kranker dient. Es kommt nur darauf an, daß in allem Gott verherrlicht werde.

III. Grundzüge einer therapeutischen Spiritualität

Die Aufgabe des geistlichen Lebens besteht nicht nur darin, frei von Fehlern zu werden und Triebe und Leidenschaften zu beherrschen, sondern an Leib und Seele gesund zu leben. Wenn wir unsere Gesundheit als geistliche Aufgabe verstehen, dann hat das Folgen für unsere Spiritualität. Wir möchten nur einige Punkte herausgreifen, die uns wichtig erscheinen.

Unser geistliches Leben darf sich nicht über unseren Leib erheben. Unser Leib ist ein wichtiger Partner auf unserem geistlichen Weg. Er hat die Funktion, daß wir uns selbst besser kennenlernen, wenn wir auf ihn hören. Unsere Gewissenserforschung darf sich nicht auf die Ebene des Willens und des Verstandes beschränken, sondern muß auch den Leib miteinbeziehen. Wenn wir nur darauf achten, was wir verkehrt gemacht haben, dann reduzieren wir unsere Selbsterkenntnis auf die moralische Ebene. Wir kommen aber nie auf die unbewußten Voraussetzungen, die uns oft blockieren und uns daran hindern, das zu tun, was wir gerne möchten. Und wir stoßen nie auf unsere tiefsten Bedürfnisse und Wünsche. Wir erkennen nicht, wo wir eigentlich stehen, was unsere wahre

Situation ist und wo unsere Schuld eigentlich liegt. Denn unsere Schuld besteht oft nicht in einem falschen Verhalten, sondern in einer falschen Grundeinstellung, die Unangenehmes verdrängt und so der Wirklichkeit nicht gerecht wird. Sich in der Gewissenserforschung nur Rechenschaft über gute und schlechte Taten zu geben, führt zum Moralisieren und zu einem permanenten schlechten Gewissen. Es wäre sinnvoller, in der Gewissenserforschung nicht den ganzen Tag durchzugehen und ihn nach Fehlern zu untersuchen, sondern jetzt in der Gegenwart sich vor den gegenwärtigen Gott zu stellen, in den Leib hineinzuspüren und sich zu fragen: Wer bin ich vor meinem Gott? Wie steht es um mich? Die eigentliche Gewissenserforschung ist die Begegnung mit Gott. In der Begegnung fühle ich von alleine, was nicht recht ist in mir. Ich brauche nur ganz gegenwärtig zu sein und auf meine Gefühle und meinen Leib zu horchen, dann spüre ich genau, wo meine Schuld mich blockiert und festhält. Aber zugleich erfahre ich in der Begegnung mit Gott, daß ich ganz und gar angenommen bin. Das wäre eine heilsame Gewissenserforschung, die uns wieder aufrichtet. Sie entspricht dem Geist des hl. Benedikt. Die Gewissenserforschung, die sich zu Unrecht auf den hl. Ignatius beruft und nur die einzelnen Taten und Unterlassungen beurteilt, führt leicht zu einer Buchhaltermentalität, die mit dem Geist Jesu nichts mehr zu tun hat und den Menschen krank macht. Auf den Leib hören, das bedeutet, die Erkenntnisse der Psychosomatik ernst nehmen und alle Symptome nach ihrer Aussage über uns zu befragen. Dieses Befragen zielt immer auf mich selbst und nicht auf die anderen. Wenn ich z. B. Rückenschmerzen habe, kann ich fragen, welche Emotionen ich nicht zugelassen habe, wo ich mich selbst überfordert und überladen habe mit Problemen oder mit Verantwortung. Rückenschmerzen können ein Zeichen für nicht gelebte Emotionen sein. Aber wenn ich jedem, der Rückenschmerzen hat, einreden will, daß er seine Gefühle verdrängt, handle ich nicht nur lieblos, sondern werde dem anderen auch nicht gerecht. Nur bei mir soll ich fragen, was die Reaktion meines Leibes über mich aussagt. Und ich soll in der Stimme meines Leibes Gott selbst vernehmen, der mich auf meine wirkliche Situation hinweisen und mir die Schritte aufzeigen möchte, die ich auf meinem geistlichen Weg gehen soll. Ich darf dankbar sein, wenn mein Leib ein Resonanzboden für Gottes Stimme ist, die mich davor bewahrt, falsche Wege zu gehen. Wer Gott in seinem Leib nicht zu hören vermag, läuft Gefahr, an seiner Wahrheit vorbei zu leben und sich heillos zu verrennen.

Auf alle Erlebnisse reagieren wir mit Gedanken, mit denen wir das Erlebte kommentieren. Aber zugleich reagiert unser Unbewußtes. Es nimmt anders wahr als unser Verstand und zeigt uns seine Sichtweise oft im Traum. Und zugleich reagiert der Leib. Wir wissen, wie der Leib auf Gefahren reagiert, auf die Aussicht nach einem guten Essen usw. Komplizierter sind die vielen unbewußten Reaktionen unseres Leibes. Sie lassen sich vor allem dort beobachten, wo wir zuwenig bewußt auf Erlebnisse reagieren. Wenn wir z. B. nicht wahrhaben wollen, daß die Situation am Arbeitsplatz unerträglich ist, daß uns der Mitarbeiter ständig verletzt, und wenn wir nicht durch bewußten Widerstand und durch Abgrenzen reagieren, dann übernimmt der Leib die Reaktion. Wir reagieren mit Magenschmerzen, wenn wir uns nicht anders gegen mächtige Menschen wehren können. Ständiger Druck von anderen, dem wir nichts entgegensetzen, schlägt sich auf die Leber und macht uns müde und schwach. Unsere Müdigkeit ist dann unsere Abwehr. Das Wahrnehmen der Krankheit sollte aber zu bewußteren Methoden der Abwehr führen, die nicht mehr in der Krankheit münden. Wir brauchen nur unsere Symptome zu befragen, dann sagen sie uns in Bildern, wie es um uns steht. Wenn etwa junge Priester manchmal darüber klagen, daß es ihnen am Altar schwindlig wird, so kann das natürlich mit der inneren Anspannung oder mit ihrem Blutdruck zusammenhängen. Sie könnten sich aber auch fragen, wo sie innerlich »schwindeln«, wo ihr Unbewußtes ihnen einen Zwiespalt aufzeigt zwischen der Aufgabe, die sie übernommen haben, und ihrer eigenen inneren Selbsteinschätzung. Sie könnten sich dann fragen, wo sie etwas noch nicht aufgearbeitet haben, um ihrem Priesteramt auch seelisch zu entsprechen. Sie sollen dann nicht vor so einer Frage erschrecken. Im Gegenteil, sie sollen dankbar sein, daß ihr Körper so ehrlich ist und ihnen anzeigt, wie das Unbewußte sie einschätzt.

Fragen heißt jedoch nicht behaupten. Es will uns nur sensibel machen für die eigene Situation. Wir sollen ohne Angst die Symptome befragen oder uns in innerer Achtsamkeit in sie hineinspüren. Wir sollen uns aber gleichzeitig vor Behauptungen und Urteilen hüten. Oft nützt eine genaue Einordnung, was das Symptom nun im einzelnen sei, gar nicht. Es würde uns nur verführen, uns mit der Erklärung zufrieden zu geben und nicht mehr weiter zu suchen.

Druck, unter den wir uns selbst ständig setzen, kann sich in zu hohem Blutdruck äußern. Ständig vor sich davonlaufen führt zu dauernder Nervosität. Ein nervöser Mensch ist in sich zerrissen, ruhelos und fahrig. Er kann seine Wahrheit nicht aushalten und ist auf der Flucht vor sich selbst. Ebenso zeigt ein verkrampfter Mensch, daß sein geistliches Leben nicht stimmt. Er arbeitet zuviel mit seinem Willen und möchte seinen Schatten nicht zulassen. Er muß etwas ausschließen, aus Angst, es könnte ihn sonst beherrschen. Doch gerade in seiner konsequenten Selbstbeherrschung ist er selbst beherrscht von seinem Schatten. Er zieht ihm alle Muskeln zusammen. Er bestimmt seinen Leib und hält ihn in Spannung. Gesund ist das geistliche Leben nur, wenn es auch den Leib in eine gesunde, wohltuende Spannung bringt, in die Wohlspannung, wie sie die Eutonie einüben möchte. Ein formloser Mensch, der absolut kein Gespür für seinen Leib hat, der es vielleicht als Lockerheit mißversteht, so formlos dazustehen, weist immer auch auf einen Mangel an religiöser

Formung hin. Das Wort Gottes hat ihn nicht wirklich getroffen und in Form gebracht.

Zu einem gesunden geistlichen Leben gehört eine ehrliche Selbsterkenntnis. Und ehrlich erkennen wir uns nur, wenn wir auch auf unseren Leib hören. Das ist keine Verpsychologisierung des geistlichen Lebens und keine Reduktion auf Psychologie. Es nimmt nur unseren Leib ernst. Allerdings besteht sicher die Gefahr, in einer Art Hobby-Psychologie alle Krankheitssymptome zu psychologisieren und gleich überall schwere psychische Defekte zu wittern. Doch es geht nicht um psychologische Neugier, die den anderen einordnet, sondern um ein ehrliches Horchen auf das, was Gott mir durch meinen Leib sagen möchte. Nur wenn wir uns mit Leib und Seele Gott hinhalten, kann sein Licht in alle Dunkelheiten und Verhärtungen unseres Leibes und unserer Seele eindringen und den ganzen Menschen heilen.

Wie eine Spiritualität konkret aussehen kann, die den kranken und zerrissenen Menschen heilt, zeigt die Regel Benedikts. Daß sie eine Anleitung zur gesunden Lebensführung ist, haben wir schon in der Betrachtung der Diätetik gesehen. Hier möchten wir nur einige heilende Faktoren herausgreifen und sie den Risikofaktoren gegenüberstellen, die unsere Zeit bedrohen.

Ein entscheidender Risikofaktor ist heute sicher die Maßlosigkeit. Unsere Zeit steht in der Versuchung »zum lebensvernichtenden Vollendungswillen« und erliegt »der Verführung zur todbringenden Vollkommenheit.«[19] So charakterisiert Romano Guardini unsere Zeit. Die Maßlosigkeit zeigt sich nicht nur im maßlosen Energieeinsatz, der die Schöpfung bedroht, im maßlosen Konsum, der zahlreiche Krankheiten hervorruft, in der Maßlosigkeit der Arbeit, die Dauerstreß erzeugt, sondern auch im Streben nach Perfektion, nach absoluter Sicherheit, nach absoluter Versorgung, nach absoluter Garantie auf Gesundheit und gelungene Lebensbewältigung. Daß wir da heute an Grenzen stoßen, zeigen die politischen Diskussionen um die Reform des Gesundheitswesens und der Renten.

In der Maßlosigkeit überfordert sich der Mensch. Er verliert das Gespür für seine Grenzen und für eine gesunde Selbstbeschränkung. Ja er hat auch kein Maß mehr für die Selbsteinschätzung. Und so entsteht der Mythos vom Supermenschen, der immer fit ist und immer etwas bringt, der immer funktioniert und den Anforderungen der Berufswelt gewachsen ist. Es ist der Mythos vom unverwüstlichen starken Mann, der keine Schwächen hat oder sie zumindest nicht zeigt, vom coolen Typ, der alles an sich ablaufen läßt und durch nichts zu erschüttern ist. Aber daß er dabei seine Lebendigkeit verliert, daß man so einem Menschen nicht begegnen und ihn nicht lieben kann, das wird übersehen. Und die Funktionsfähigkeit wird erkauft durch Verdrängen des Schattens und Verleugnen der Schwächen. Oft wird sie nur durch Psychopharmaka aufrecht erhalten, die das Unangenommene zurückdrängen. Für diese Scheinlösung bezahlt der Mensch häufig mit einem totalen Zusammenbruch, Zeichen dafür, daß der Mensch nicht ungestraft sein Maß überschreiten darf.

Gegen diese Maßlosigkeit setzt Benedikt die discretio, die Unterscheidungsgabe, die Weisheit des Maßes, die er die Mutter aller Tugenden nennt. Der Abt soll alles mit Maß ordnen und keinen überfordern. Er soll sich auf den einzelnen einstellen, sich ihm anpassen, um für ihn das richtige Maß an Arbeit und aszetischer Forderung zu entdecken. Der Abt soll sich nicht der Illusion hingeben, als wären in seinem Kloster lauter Supermönche, sondern er soll sich bewußt sein, daß er die Sorge für schwache Menschen übernommen hat. Er soll sich in aller Liebe um sie kümmern und immer eingedenk sein, daß er für sie Verantwortung übernommen hat. »Ob sein Arbeitsauftrag Göttliches oder Weltliches betreffe, wisse er zu unterscheiden und Maß zu halten.« (RB 64,127)[20] »Er ordne alles mit Maß, damit die Starken finden, was sie suchen, und die Schwachen nicht weglaufen.« Er soll sich immer an den hl. Jakob erinnern, der seine Herde nicht ermüdet hat, und soll die Anforderungen an Gebet, Arbeit und Fasten so treffen, daß er seine Mönche zwar herausfordert und in Bewegung hält, aber nicht entmutigt und betrübt.

Das rechte Maß des hl. Benedikt ist keine Mittelmäßigkeit, sondern meint das rechte Gleichgewicht, das uns heute bitter not tut und das auch fähig ist, »die um sich greifenden psychosomatischen Erkrankungen zu heilen, zu bannen oder zu vermeiden.«[21] Das rechte Maß betrifft vor allem unsere Arbeit, unser Essen und Trinken und unseren Schlaf. Aber es bezieht sich auch auf unser geistliches Leben. Auch da weiß Benedikt, daß ein Übermaß schaden kann und daß es immer von den Dämonen kommt. Vor allem bezieht sich die Maßlosigkeit auf unser Vollkommenheitsideal. Wir meinen, Jesus würde von uns Vollkommenheit, vor allem moralische Vollkommenheit verlangen. Aber das ist ein Irrtum. A. Louf nennt das Vollkommenheitsideal ein heidnisches Ideal.[22] Es ist das Perfektseinwollen, das Seinwollen wie Gott, der ohne Fehler und Schwachstellen ist, ein Negieren unserer menschlichen Gebrechlichkeit. Wir sollen nicht vollkommen sein, sondern ganz, alles in uns leben lassen und in die Beziehung zu Gott bringen. Und wir sollen barmherzig sein, wie unser himmlischer Vater barmherzig ist. (Lk 6,36)

Ein anderer Risikofaktor hängt mit der Maßlosigkeit zusammen. Es ist die Formlosigkeit und Haltlosigkeit. Benedikt selbst schildert in seiner Regel Mönche, die ein form- und haltloses Leben von Vagabunden führen. Es sind die,

die nie durch eine Regel erprobt ... Naturen weich wie Blei. Zu zweit oder zu dritt oder einzeln leben sie ohne Hirten, in die eigenen, nicht in die Hürden des Herrn eingeschlossen. Gesetz ist ihnen, was die Begierden verlangen. Alle eigenen Ansichten und Wünsche nennen sie heilig; was sie nicht wollen, halten sie für unerlaubt ... Zeit ihres Lebens ziehen sie von Land zu Land, immer unstet und nie beständig sind sie der eigenen Laune und Gaumenlust dienstbar. (RB 1,6–11)

Die Formlosigkeit macht krank. Wer ohne äußere Ordnung lebt, gerät auch innerlich in Unordnung. Wer keine Rituale mehr kennt, sondern sich einfach nach Lust und Laune gehen läßt, zerfließt innerlich. Alles fällt auseinander. Es gibt keine Klammer mehr, die das Widerstrebende zusammenhält, keine Form, in der etwas wachsen kann. Die Haltlosigkeit drückt sich oft im Leib aus, in einem Sichhängenlassen, Sichgehenlassen. Benedikt setzt dagegen die gesunde Form der inneren Disziplin, die sich im gemessenen Schreiten und in angemessener Körperhaltung äußert. Die Formlosigkeit ist oft auch von einer Traditionslosigkeit begleitet. Man lebt, als ob man keine Wurzeln mehr hätte. Und so kann auch nichts wachsen. Das Eingebundensein in eine gesunde Tradition ist für das Finden einer gesunden Identität entscheidend. Ohne Wurzeln verdorrt ein Baum, verkümmert ein Mensch.

Der Verlust einer gesunden Tradition führt in die Sinnkrise. Für Viktor Frankl ist die Krankheit unserer Zeit die noogene Neurose. »Der typische Patient von heute leidet ... an einem abgründigen Sinnlosigkeitsgefühl«, »unter dem Gefühl, daß sein Sein keinen Sinn hat.«[23] Dagegen setzt Benedikt den Glauben an den gegenwärtigen Gott. »Stets, dauernd, immer, allezeit, jederzeit, überall, täglich, bei Tag und Nacht« sollen wir uns vor Augen halten, daß Gott gegenwärtig ist, daß seine Augen liebevoll auf uns gerichtet sind.

Erst wenn wir in der ständigen Beziehung zu Gott leben, leben wir im Lot, werden wir richtig, heil, ganz. Vor Gott und in Gott bekommt unser Leben einen Sinn. Denn wir leben nicht allein, nicht beziehungslos, nicht sinnlos. Wir leben immer in Beziehung, immer vor Gottes Augen, immer von seiner liebenden und heilenden Gegenwart eingehüllt, immer von ihm beim Namen gerufen, immer von ihm eingeladen, das Leben zu suchen. So sucht der Herr nach uns mit der Frage: »Wer ist der Mensch, der das Leben liebt und gute Tage zu sehen wünscht?« Und wenn wir uns auf diesen Ruf einlassen, gilt uns die Verheißung: »Meine Augen werden auf euch ruhen und meine Ohren werden eure Gebete hören! Und bevor ihr mich anruft, werde ich sagen: hier bin ich.« (RB Prolog) Von Gott angeschaut und angesprochen, von Gott zum Leben eingeladen wird unser Leben nie sinnlos. Wir erfahren Leben und brauchen nicht mehr nach dem Sinn zu fragen. Das wahre Leben hat seinen Sinn in sich. Wenn wir uns lebendig fühlen, steigt die Frage nach dem Sinn gar nicht hoch. Der Glaube ist das beste Heilmittel gegen die Sinnkrise.

Aus der Sinnkrise steigen die Dämpfe der Traurigkeit, Gereiztheit und Schwermut auf. Wenn Freude Kraft gibt, dann ist die Bedrücktheit einer der größten Blutsauger am Leben überhaupt. Der Hang zur Depression wird heute immer stärker. Und die Stimmung des heutigen Menschen läßt sich als depressive Stimmung der Resignation und Leere bezeichnen. Die monastische Tradition hat Erfahrung mit der Traurigkeit. Sie kennt zwei Formen, in denen sie sich äußert, einmal das Selbstmitleid, das »Sichhängenlassen«, das weinerliche Jammern, weil einem die eigenen Wünsche nicht erfüllt werden, weil man es nicht aushält, seine Illusionen zerplatzen zu sehen. Die andere Form ist die akedia, die Lustlosigkeit, die Trägheit. Man fühlt sich innerlich zerrissen und hat zu nichts mehr Lust.

Die Mönche sprechen vom Mittagsdämon der akedia, von der typischen Krankheit der Lebensmitte. Gegenüber dieser krankmachenden Traurigkeit (im Griechischen lype) kennen die Mönche die heilende und reinigende Wirkung der Trauer (penthos). In der Trauer halte ich mich aus, so wie ich bin, mit meiner Einsamkeit, mit meinen Enttäuschungen. Ich verdränge die Trauer nicht, sondern durchlebe sie. Die Trauer ergießt sich in Tränen, die reinigen und befreien, die etwas Neues in uns wachsen lassen, während die Traurigkeit – so sagen die Mönche – trocken ist und unfruchtbar. In ihr kreist man nur weinerlich um sich selbst. Die durchlebte Trauer führt zu einer neuen Qualität von Freude und Lebendigkeit. Durchleben heißt aber auch, daß sie in Beziehung zu anderen gelebt, daß sie anderen gezeigt wird. Die Beziehung wirkt dann therapeutisch. Wenn ich mit meiner Trauer alleine bin, kann ich leicht in ihr stecken bleiben.

Benedikt tritt in seiner Regel gegen das Laster der Traurigkeit und Lustlosigkeit an. Wenn ein Bruder traurig ist, soll man ihn trösten. Alles soll im Hause Gottes so geordnet werden, daß keiner

»verwirrt oder traurig werde.« (RB 31,19) Nicht die Trauer muß getröstet werden, sondern die Traurigkeit, weil sie den Menschen immer tiefer in die Depression hinabzieht. Benedikt will die äußeren Bedingungen für solche Traurigkeit verändern, er will eine Atmosphäre schaffen, in der jeder mit Freude leben und arbeiten kann. Wenn einer aber trotzdem murrt, dann zeigt sich darin eine lebensverneinende Haltung, die Benedikt scharf attackiert.

»Vor allem mahnen wir: man unterlasse das Murren.« (RB 40,9) Im Murren steigert man sich in eine negative Lebenseinstellung hinein, man kann sich nicht aussöhnen mit der Realität, sondern hängt immer noch seinen infantilen Träumen nach und begegnet der Wirklichkeit, die diesen Träumen nicht entspricht, ablehnend und feindselig. Das Murren zerfrißt die menschliche Seele und raubt ihr die Freude. Man lähmt sich selbst und findet sich zuletzt ausgeschlossen vom Leben, zu dem der Herr uns einlädt. Das Murren macht krank. Und letztlich ist keine Medizin gewachsen gegen das Gift des Murrens, der Überreiztheit, der Traurigkeit und Ärgerlichkeit. Benedikt ermahnt den Cellerar, daß er keinen traurig entlasse. Wenn er keine Gabe hat, soll er wenigstens ein freundliches Wort sagen. Denn »ein freundliches Wort geht über die beste Gabe.« (RB 31,14) Der Cellerar ist also verantwortlich für eine Atmosphäre der Zufriedenheit und Freude. Aber dazu muß die innere Einstellung der Mönche kommen, die ihre Lebenssituation dankbar annehmen. Benedikt weiß, daß das Leben eines Mönchs nur »in der Freude des hl. Geistes« gelingen kann. (RB 49,6) Und ein wichtiges Kriterium für unsere Spiritualität ist, daß von uns eine stille Freude ausgeht, die jede Traurigkeit in uns und um uns herum verwandelt, die nicht mit moralischen Appellen, froh zu sein, die Traurigkeit zudeckt, sondern sie von innen her erhellt.

Ein weiterer Risikofaktor unserer Zeit ist der Lärm und das Überangebot von akustischen und optischen Reizen. Die akustische Umweltverschmutzung läßt uns nicht mehr in die heilsame Stille gelangen. Überall erreicht sie uns. Und überall dringen Bilder auf uns ein. Gegen diese Flut von Wort und Bild setzt Benedikt das Heilmittel des Schweigens. In der Stille kann der Mensch zu sich finden, kann er sich befreien von dem Lärm seiner Gedanken und zu dem Ort vorstoßen, an dem Gott selbst in ihm wohnt, zu dem Ort, zu dem die Probleme und Sorgen des Alltags keinen Zutritt haben. Von diesem Ort des reinen Schweigens aus kann der Mensch heil werden. Da kommt er in Berührung mit seinem wahren Kern, mit dem Bild, das sich Gott von ihm gemacht hat.

Aber wenn wir zu schweigen beginnen, steigen trotzdem zahllose Worte und Bilder in uns hoch. Ein Weg wäre, die Ebene der Bilder und Worte zu übersteigen und an den Ort des Schweigens, in den wort- und bildlosen Seelengrund einzutauchen, wie es die Mystiker empfehlen. Ein anderer Weg besteht darin, heilende Worte und Bilder dagegen zu setzen. Über die heilende Wirkung der

Schriftworte, die der Mönch ständig meditiert, »wiederkäut«, haben wir an anderer Stelle schon ausführlich geschrieben.[24] Ein wichtiges Heilmittel ist auch die Meditation biblischer Bilder. Denn es sind heilende Bilder. In der Ganzheitsmedizin spricht man von positiven und negativen Körperbildern. Wenn man einen Kranken ein Bild seines Körpers malen läßt, so malt er es häufig dunkel und zerrissen. Das Bild ist Ausdruck seines Körperbewußtseins. Und gegen dieses negative Körpergefühl setzt man bewußt als Heilmittel die Meditation positiver Körperbilder ein. Man kann sich etwa vorstellen, daß in unserem Leib eine Lichtquelle ist, die Licht in alle kranken Teile strömen läßt. Solche Imaginationsübungen werden bewußt in die Therapie einbezogen. Sie ermöglichen uns ein positives Leibgefühl und wirken heilend und erhellend. So wird z. B. empfohlen, man solle sich entspannen und dann im Inneren Bilder aufsteigen lassen:

Stellen Sie sich vor, wie Sie mit jedem Ausatmen eine graue Wolke ausatmen ... all ihre Sorgen, Verspannungen und Ängste ... und wie Sie bei jedem Einatmen Helligkeit aufnehmen und Licht und Zuwendung und Wärme. (Teegen 260)

Solche Vorstellungen können das allgemeine Befinden positiv verändern. Simonton setzt solche positiven Imaginationen gegen den Krebs ein. Und er macht die Erfahrung, daß etwa die Vorstellung, meine weißen Blutkörper fräßen die Krebszellen auf und beförderten sie aus dem Leib, den Krebs wirklich zurückgehen läßt.[25]

Viele biblischen Bilder sind heilende Leibbilder. Sie zeigen uns, wer wir wirklich sind. So ein positives Leibbild ist das Bild vom Tempel Gottes. Wenn ich mir vorstelle: mein Leib ist Tempel Gottes, dann erfahre ich mich im Leib anders. Ein Tempel ist weit, offen, er hat hohe und weite Räume, in denen ich anderen begegnen kann. Johannes sagt uns, daß Christus in der Menschwerdung in unsere Markthalle eintritt, in der sich die Stimmen der Händler übertönen, in denen unsere Gedanken lärmen und wir nur darauf aus sind, daß unser Marktwert hoch ist und daß wir auf dem öffentlichen Markt gut gehandelt werden. Das Bild der Markthalle verkrampft den Körper. Denn wir müssen dann alle Muskeln zusammenziehen, damit sich die Tauben und Rinder (die herumflatternden Gedanken und die Triebe) nicht selbständig machen und alles durcheinander bringen. Das Bild des Tempels dagegen läßt uns innerlich weit werden, wir können atmen, wir spüren Schönheit und Herrlichkeit in uns, alles in uns weitet sich und wird hell und schön. So ein Bild kann therapeutische Wirkung haben. Viele psychologischen Schulen arbeiten mit solchen Körperbildern. Doch oft sind es selbst erdachte Bilder. Die Bilder der Bibel sind nicht erdacht, sondern in ihnen entwirft Gott selbst ein Bild von uns, ein Bild, das unserem Wesen entspricht, das uns befreien möchte von den vielen Bildern, die andere uns übergestülpt haben oder mit denen unser eigenes Über-Ich unser Wesen verstellt hat. Die Bilder der Bibel wollen uns unser wahres Bild vor Augen halten. Wenn wir sie meditieren, spüren wir, wer wir in Wahrheit sind. Das Fremde und Krankmachende kann abfallen und in uns wird es heil und gesund.

Es gäbe noch viele therapeutischen Elemente der benediktinischen Spiritualität. Hildegard von Bingen hat gezeigt, daß man die Heilkraft der Natur in den Heilkräutern nutzen soll. Ja, sie hat eine Art der Medizin entwickelt, die die heutige Ganzheitsmedizin wieder neu aufgreift. In den Klostergärten und Klosterapotheken wurde etwas von dieser alternativen Medizin praktiziert. Es würde sich lohnen, die christliche Tradition nach solchen heilenden Methoden zu erforschen. Viele dieser Methoden werden heute im Bereich der Anthroposophie und der holistischen Medizin wieder aufgegriffen. Christliche Krankenhäuser huldigen dagegen zumeist der technisierten Schulmedizin. Christliche Methoden der Heilkunst wieder zu entdecken, wie sie etwa Hildegard von Bingen entwickelt hat, wäre heute ein Gebot der Stunde.[26] Eine ganzheitliche Spiritualität wäre sicher wichtiger Bestandteil einer alternativen Medizin aus dem Geist der christlichen Tradition, weil sie helfen kann, den ganzen Menschen zu heilen.

Es sollen nur einige heilende Elemente des geistlichen Lebens aufgezählt werden, die bereits an anderen Stellen weiter entfaltet worden sind. Da ist einmal die Liturgie mit den heilenden Riten, in denen sich der Mensch hineinspielt in seine Wahrheit und so alles Unheile abschüttelt, das sich ihm in seiner Arbeit und seinem Alltag angeheftet hat. Das Kirchenjahr mit seinen Festen ist ein Psychodrama, in dem der Mensch sich in sein Heil hineinspielt.[27] Im Laufe eines Kirchenjahres werden an den Festen die wichtigsten Aspekte unserer Seele angesprochen. Das Kranke und Verdorrte, das Verdrängte und Unterdrückte darf angeschaut und dem heilenden Gott hingehalten werden. Aber auch die Möglichkeiten gelungener Menschwerdung werden uns an den Festen vor Augen geführt. So können an den einzelnen Festen nach und nach alle Saiten unserer Seele zum Schwingen kommen und in uns die göttliche Melodie des Heils erklingen lassen. Die Alten haben auch die therapeutische Wirkung des Psalmensingens erkannt. Das Singen vertreibt alle Traurigkeit. Es läßt die Gefühle von Freude und Friede in unserem Herzen aufsteigen und heilt uns so von unserer inneren Unzufriedenheit. Die Mönche singen täglich mehrmals Psalmen und haben so eine gute Möglichkeit, ihre Seele zu reinigen und zu erhellen. Wo singt heute ein durchschnittlicher Mann überhaupt und wo hat er einen Ort, an dem er seine Gefühle kultivieren und in heilender Weise ausdrücken kann? Die Liturgie wäre so ein Ort und die liturgischen Melodien, etwa der gregorianische Choral, sind heilende Musik, in der die Emotionen unserer Seele geordnet und erhellt werden. Die Bibel selbst ist ein therapeutisches Buch. Sie beschreibt unser Leben, wie es ist. Sie ist erzählte Psychologie. In ihr wird nichts ausgeklammert. Die Bibel gibt uns den Mut, uns den eigenen Ängsten und Sorgen, ja der eigenen Schuld und Schwäche zu stellen. Sie beschönigt nichts. Da werden Menschen geschildert, die krank sind, die in Schuld geraten und die in der Begegnung mit Gott oder mit seinem Sohn, Jesus Christus, heil werden und neue Lebensmöglichkeiten entdecken. In den biblischen Geschichten können wir uns wiederfinden mit allen Abgründen unseres Herzens, mit unseren Wunden und Verletzungen, mit unseren ungestillten Bedürfnissen und Sehnsüchten. Wir dürfen es anschauen und es Gott hinhalten. So wie Menschen in der Begegnung mit Jesus auf einmal den Mut fanden, sich aufzurichten, ihr Leben selbst in die Hand zu nehmen und aus sich herauszugehen, wie sie in der Begegnung mit Jesus heil wurden, sich selbst annehmen konnten, so kann auch bei uns alles von der Heilkraft Jesu Christi verwandelt und geheilt werden, wenn wir es in die Begegnung mit ihm halten.

Eine Spiritualität, die den ganzen Menschen anspricht, den Leib und die Seele, das Bewußte und das Unbewußte, das Kranke und das Gesunde, wäre gerade für unsere kranke Zeit ein ersehntes Heilmittel. Eine gesunde Spiritualität macht den Menschen an Leib und Seele gesund. Aber wir dürfen nicht den Gesundheitsbegriff des funktionierenden Supermenschen im Auge haben, sondern den Menschen, der von Christus in seinem Grund geheilt ist und so auch in seiner menschlichen Schwäche und in körperlicher Krankheit einen tiefen Frieden ausstrahlt. Daß der Mensch nicht nur eine gute Medizin braucht, sondern auch eine gesunde Spiritualität, das wissen heute viele

Ärzte. Medikamente und technische Apparate allein genügen nicht, aber auch eine Psychotherapie, die die spirituelle Dimension ausschließt, kann den Menschen nicht in seiner Wurzel heilen. Damit der ganze Mensch heil wird, bedarf er auch einer Spiritualität, die die religiöse Sehnsucht anspricht und den Menschen über das Kreisen um sich hinausführt und ihn im Einswerden mit Gott über sich wachsen läßt. Aber nicht jede Spiritualität wird den Menschen gesund machen. Es gibt leider viele Fehlformen, die eher in die Neurose treiben. Frömmigkeit allein ist noch kein Kriterium, ob der Mensch durch sie gesund wird. Es muß eine Frömmigkeit sein, die den Maßstäben der christlichen Tradition entspricht, wie sie vor allem in der frühen Kirche, im Mönchtum und in der mystischen Tradition immer wieder beschrieben werden. Und sie muß auch einer Untersuchung durch die Psychologie standhalten, die ein feines Gespür dafür hat, ob ein Mensch lebendig und reif, frei und liebesfähig, im Frieden mit sich und der Welt und von einer ansteckenden Freude und Fruchtbarkeit ist.

IV. *Kriterien für eine gesunde Spiritualität*

Es gibt heute eine Unzahl verschiedener Formen von Spiritualität sowohl innerhalb wie außerhalb der Kirche. An den Worten allein kann man oft nicht erkennen, ob eine Frömmigkeitsform gesund oder krank macht. Es ist die Wirkung, die uns die Qualität einer Spiritualität anzeigt, die Wirkung auf die Psyche des einzelnen, auf das Miteinander und auf die Arbeit und den Einsatz in der Welt. Von der monastischen Tradition ausgehend möchten wir einige Kriterien aufstellen, an denen wir eine gute Frömmigkeit erkennen können. Gerade bei der Vielfalt spiritueller Angebote könnten sie ein Wegweiser sein, der uns von falscher Frömmigkeit abhält und zu guter hinführt. Eine Spiritualität, die den Menschen gesund und lebendig macht, müßte folgende Merkmale haben:

Mystagogisch und nicht moralisierend

Mystagogisch ist eine Spiritualität, wenn sie in das Geheimnis Gottes und in das Geheimnis des Menschen einweist. Von ihrer Geschichte her war Spiritualität immer mystagogisch. Es ging ihr darum, den Menschen in die Erfahrung Gottes einzuführen. Alle aszetischen Mittel waren Hilfen, die Hindernisse abzubauen, die uns von einer echten und heilenden Gottesbegegnung abhalten wollen. Die Acht-Lasterlehre im alten Mönchtum ist daher nicht moralisierend zu verstehen, sondern mystagogisch. Es ging nicht um Fehlerfreiheit, sondern um einen Weg zu intensiver Gottesbegegnung und gelungener Selbstwerdung. Die Mönche beschreiben das Ziel des spirituellen Weges nie als moralische Vollkommenheit, sondern in psychologischen Begriffen wie Reinheit des Herzens (Cassian), apatheia (Leidenschaftslosigkeit, identisch mit reiner Liebe bei Evagrius Ponticus), ataraxia (Unerschrockenheit, Angstfreiheit bei Athanasius). Die acht Laster (Völlerei, Unzucht, Habsucht, Traurigkeit, Zorn, Akedia, Ruhmsucht und Stolz) sind psychologische Fehlhaltungen, die uns an der Menschwerdung und an der uneingeschränkten Begegnung mit Gott hindern. Sie halten uns davon ab, frei zu werden für Gott. Reinheit des Herzens meint eine innere Freiheit, in der der Mensch ganz er selbst geworden ist, nicht mehr hin- und hergerissen von seinen eigenen Wünschen und Bedürfnissen und nicht mehr bestimmt von den Erwartungen und Ansprüchen der Menschen. Es geht der mystagogischen Spiritualität also um eine neue Selbsterfahrung, um eine heilsame Selbsterfahrung des Menschen in der Begegnung und im Einswerden mit Gott. Die Aszese ist Hilfe, uns zur Einheit mit Gott und darin zur Einheit mit uns selbst, mit allen Menschen und mit der ganzen Schöpfung zu führen.

Einer moralisierenden Spiritualität geht es vor allem um die Vermeidung von Fehlern und Sünden. Sie geht von einem moralischen Vollkommenheitsideal aus und flößt dem Menschen ständig ein schlechtes Gewissen ein. Der größte Fehler der letzten zwei christlichen Jahrhunderte war die Gleichsetzung von Glaube und Moral. Im ersten christlichen Jahrtausend war das nicht so. Da ging es um geistliche Erfahrung und um Begegnung mit Gott. Erst als die moralisierende Richtung des Jansenismus[28] über die breite mystische Strömung in Frankreich siegte, etwa um das Jahr 1700, da fixierte man sich auf die Sünden, vor allem auf die Sünden der Sexualität. Man witterte überall sexuelles Versagen und brauchte seine ganze Kraft dazu, ängstlich Fehler zu vermeiden. Durch den Jansenismus ist das spirituelle Leben in Frankreich ausgetrocknet. Überall war nur noch Enge und Ängstlichkeit. Unsere Zeit leidet heute noch an den Folgen dieses unheilvollen Jansenismus. Alle Enge und Ängstlichkeit, die viele aszetischen Schriften der letzten 200 Jahre atmen, haben darin ihre Ursache. Und die Sexualmoral, die heute als kirchlich ausgegeben wird, entstammt nicht der breiten Tradition des ersten christlichen Jahrtausends, sondern geht auf den Jansenismus zurück. Im frühen Mönchtum wird über die Sexualität positiver und ehrlicher gesprochen. Und vor allem steht sie nicht im Mittelpunkt des aszetischen Kampfes. Da werden Ärger und Stolz weit ausführlicher behandelt.

Einer mystagogischen Spiritualität geht es um die Erfahrung des Lebens, das Gott uns geschenkt hat. Je mehr wir moralisieren, desto weniger Lebendigkeit haben wir in uns. Wenn zölibatäre Priester (Papst und Bischöfe eingeschlossen) ihre wichtigste Aufgabe darin sehen, die Sexualmoral hochzuhalten, vor allem die Sexualmoral für Frauen, dann sagt das mehr über ihre eigene psychische Situation aus, über ihren Schatten und über ihren Mangel an Spiritualität als über die Richtigkeit ihrer moralischen Forderungen. Natürlich gibt es kein geistliches Leben ohne Moral. Aber die Moral folgt der geistlichen Erfahrung und nicht umgekehrt. Die Herausforderung der New-Age-Bewegung, in der man ja gerade nach spiritueller Erfahrung sucht, zwingt uns, hinter den Sieg des Jansenismus auf die breite mystische Tradition des Christentums zurückzugreifen und sie wieder neu zu beleben.

Die Moralapostel fühlen sich häufig als Propheten, die Gott gesandt hat, die Unmoral der Zeit anzuprangern und die Flut des Verderbens aufzuhalten. Doch ihre flammenden Reden über die Verkommenheit der Menschheit zeigen die Zerrissenheit ihrer eigenen Seele und die Bedrohung durch den Schatten, den sie verdrängen. »Deine Sprache verrät dich ja«, sagt die Magd zu Petrus. Wenn wir über die Unmoral der Zeit sehr emotional schimpfen, sprechen wir immer auch über uns und verraten unser Angefochtensein und unseren heimlichen Wunsch nach dem, worüber wir so emphatisch reden. Eine heilende und aufbauende Wirkung geht von den Moralaposteln kaum aus, da sie ja in ihrem Moralisieren ständig um den Schatten kreisen. Es ist oft Ausdruck mangelnder Erfahrung der befreienden Botschaft Jesu Christi. Wenn wir das Leben, das Christus uns in Fülle geschenkt hat, glaubhaft verkünden, so wird Gott dadurch mehr Herzen zur Umkehr und Erneuerung anrühren und ihnen Hoffnung auf Heil und Erlösung schenken als durch das Moralisieren.

Befreiend und nicht überfordernd

Die Spiritualität, die sich auf den Geist Jesu Christi beruft, wird den Menschen zur Freiheit der Kinder Gottes führen. Sie wird etwas von der Freiheit vermitteln, die Gott uns schenkt, wenn wir ihm in uns Raum geben. Der Ort, in dem Gott in uns wohnt, ist für die Menschen und ihre Ansprüche an uns nicht zugänglich. Da befreit uns Gott von der Herrschaft dieser Welt, von der Herrschaft der Erwartungen und Ansprüche der Menschen an uns. Diese Freiheit wird sich dann allerdings nicht in Zügellosigkeit äußern, sondern in einem Verhalten, das der Bergpredigt entspricht. Die Bergpredigt ist ja Ausdruck der christlichen Freiheitserfahrung und kann nur von daher richtig verstanden werden. Wenn wir Kinder Gottes sind und nicht mehr von den Menschen und ihrer Bestätigung und Zuwendung gezeugt, dann sind wir frei von allem Zwang zur Selbstbehauptung und können so handeln, wie Christus es uns in der Bergpredigt schildert. Häufig überfordern spirituelle Grundsätze den Menschen. Das hängt mit einem falschen Vollkommenheitsideal zusammen. Der Mensch muß immer besser und reiner werden, bis er so vollkommen ist wie Gott. Doch das ist eine Utopie, die sehr grausam mit dem menschlichen Herzen umgeht. Um an diesem Ideal festhalten zu können, muß man alles Negative aus sich ausschließen und den eigenen Schatten verdrängen. Das aber zerreißt das menschliche Herz und versetzt es in Angst und Schrecken vor allem, was in seiner Seele immer wieder aufsteigt. Mögen die Worte noch so fromm klingen, sie bewirken gerade das Gegenteil. Sie bauen nicht auf, sondern überfordern und zerstören und führen häufig in die Neurose. Man kann darüber streiten, ob eine ungesunde Spiritualität die Menschen in die Neurose treibt, oder ob der Neurotiker sich eine Spiritualität schafft, die seine Neurose bestätigt und in der sie sich unter dem Deckmantel von Frömmigkeit ausleben kann. Entscheidend ist, wie wir eine neurotische Spiritualität erkennen können. Johannes Torello gibt uns in seiner Beschreibung der neurotischen Spiritualität wichtige Kriterien für das Erkennen des Krankhaften.

Der Neurotiker verwechselt das vollkommene Ideal mit der Fehlerlosigkeit: statt einem Ideal, das außerhalb von ihm, über dem Ich steht, das zur Vereinheitlichung der Persönlichkeit führt, das dem Menschen das Gefühl für seine Fehlbarkeit und Schwäche bewahrt und gleichzeitig als Stimulans und Mutspender wirkt, liebt der Neurotiker nur das idealisierte Ich und bildet sich ein, er liebe das eigentliche Ideal, aber er findet weder Frieden noch Gleichgewicht. Er kennt nur eine Religion der Angst, er erreicht nicht die »Liebe, die die Furcht vertreibt«, und darum ist er hart und unnachgiebig den anderen gegenüber, denen er das Ideal aufdrängen will, ohne selbst imstande zu sein, es vorzustellen. Er erfüllt vor allem seine Pflicht, eine Art Pflicht, die er mit ihm selbst identifiziert hat (die mehr oder weniger dem Über-Ich Freuds entspricht), aber er versteht es nicht, die Pflichten abzustufen und kommt vor allem denjenigen nach, deren Nichterfüllung ihm größeren Schmerz bereiten würde. Er klammert sich an die Pflicht, um der Angst zu entrinnen: er übersieht die geistigen Werte, und in der Erfüllung seiner Pflichten sucht er nur seine persönliche Befriedigung. Das Motiv der Pflicht ist bei ihm stärker als das Motiv des Guten. Im Streben nach Sicherheit, als Zuflucht des Narzißmus und der zügellosen Eigenliebe vertraut er sich der Pflichterfüllung an.

Der Neurotiker empfindet Schuldgefühle unabhängig von wirklich begangenen Fehlern, und so ängstigt er sich wegen bedeutungslosem Vergehen und ist manchmal nachsichtig bei wirklich groben Fehlern, er gibt sich leicht der Traurigkeit hin; er fühlt sich oft unwürdig und unzulänglich und denkt kaum daran, daß in jedem von uns ein Maß an Gutem steckt, und daß es die Gnade gibt, »die allein uns genügt«. Aus diesen Gründen ist er ständigen und drängenden Versuchungen ausgeliefert, welche er leicht mit Sünden verwechselt. Manchmal tut er Buße, aber mehr des Übels wegen, das er flieht, als um des Guten willen, das er erreichen sollte: Das Böse verfolgt ihn und das Gute zieht ihn nicht an, so verfällt er häufig in die schlechte Pose des Opferlamms. Der Neurotiker kennt nicht die Geduld, die Retterin unserer Seelen, er versteht es nicht zu warten, das langsame Wachstum zu akzeptieren, sich der Vorsehung zu überlassen, er wird leicht schwermütig, und seine Schwermut schmeichelt im Grunde seiner Eigenliebe: »Wie gut bin ich doch, wenn es mich so betrübt, nicht gut zu sein.« ... Er kennt keine Großzügigkeit, keine Kühnheit, keine Hingabe, die sich selbst vergißt. Die Neurotiker verwechseln Schüchternheit mit Demut, Frigidität mit Keuschheit, Sentimentalität mit Andacht (welche der hl. Thomas als Willensakt definiert), Angst mit Klugheit, dümmliche Gutmütigkeit mit Güte, Nachgiebigkeit mit Verständnis, Bequemlichkeit mit Friedfertigkeit, Untätigkeit mit Milde, Mittelmäßigkeit mit Mäßigung, Scheu vor dem Großen mit Liebe zu den kleinen Dingen, Herrschsucht mit Eifer, das Zurückschrecken vor dem Heroismus mit Liebe zum Alltag, Aberglauben mit Glauben, Lust mit Sünde usw...[29]

Eine neurotische Spiritualität verdrängt den Schatten und klammert sich krampfhaft an Ideale, ohne sie je erfüllen zu können. Durch die Identifizierung mit einem hohen Ideal versucht der neurotische Mensch, sein Gefühl der Minderwertigkeit zu kompensieren und sein Selbstwertgefühl zu steigern. Der Schatten läßt sich aber nicht ungestraft verdrängen. Er meldet sich immer wieder zu Wort und zwar auf zwei verschiedene Weisen. Einmal kann er sich äußern im harten Urteil über die anderen, die die Gebote Gottes nicht erfüllen, oder aber in einem sehr moralisierenden Pochen auf pedantische Einhaltung aller Gebote. Oft zeigt er sich auch im Verteufeln anderer. Wenn also die eigene Spiritualität erkauft wird mit der Dämonisierung anderer Gruppen, dann ist das immer ein Zeichen, daß der eigene Schatten nicht angenommen wird. Man braucht dann immer einen Sündenbock, auf den man den Schatten laden kann. Und man muß sich den Schatten vom Leib halten, indem man ihn bei anderen verteufelt.

Die zweite Weise, auf die sich der Schatten zu Wort meldet, ist das Hin- und Herschwanken zwischen Begeisterung und Depression. In guten Phasen ist man fasziniert von Gottes Liebe und lebt in ständiger Begeisterung. Aber da kein Mensch immer in Hochform sein kann, zeigt sich oft das Gegenteil. Man kann es aber nicht mit seinem Gottesbild vereinbaren, wenn man sich leer fühlt und ohne große Liebe zu Gott, und so fällt man leicht in tiefe Depression. Man macht sich selbst schlecht, zerfleischt sich mit Selbstvorwürfen, als ob es nur die eigene Schuld sei, daß man sich so fühle, als ob es nur daran läge, daß man zu wenig gebetet und sich zu wenig zur Liebe gezwungen hätte. Dann beginnt der Kreislauf der Selbstbeschuldigung, der notwendigerweise in die

Situation des Elija führt, der sich nach seinem großen Triumph über die Baalspriester hinlegt und sich den Tod wünscht, weil er es nicht aushalten kann, daß er auch nicht besser ist als seine Väter. (Vgl. 1 Kön 19,1ff) Weil man zu sehr auf sich und seine Vollkommenheit schaut, aber nicht auf die Barmherzigkeit Gottes, kann man sich selbst seine Fehler nicht verzeihen. Und in diese Haltung hinein reicht nicht einmal die Vergebung Gottes. Gott ist barmherziger mit uns als wir selbst. Der Neurotiker kann sich selbst nicht lieben. Die Erfahrung zeigt, daß es leicht ist, andere Menschen zu lieben. Schwerer ist es schon, den Ehepartner zu lieben, dem man täglich begegnet; am schwersten aber ist es, sich selbst zu lieben. Und gerade das täte dem Neurotiker gut. Denn das ist sein eigentliches Leiden, sich nicht lieben zu können, weil er nur einen vollkommenen Menschen für liebenswert hält.

Benedikt zeigt uns in seiner Regel, wie wir zu dieser Selbstliebe kommen können. Wir sollen nicht so sehr auf uns und unsere Fehler sehen, sondern auf die Barmherzigkeit Gottes. Am Ende einer langen Aufzählung von geistlichen Werkzeugen, mit denen wir an uns arbeiten und uns für Gott öffnen sollen, gibt er als das entscheidende spirituelle Instrument an: »an der Barmherzigkeit Gottes niemals verzweifeln.«(RB 4) Damit will uns Benedikt zeigen, in welchem Sinn wir aszetische Mittel benutzen sollen. Wenn wir sie dazu gebrauchen, uns selbst vollkommener zu machen, wenn wir in unserem aszetischen Bemühen nur um uns und unser Gutsein kreisen, dann wird uns das notwendigerweise in die Verzweiflung und in den Selbsthaß führen. Wir sollen aber in unserer Aszese nicht um uns kreisen, sondern um Gott. Es geht nicht darum, wie gut wir vor Gott dastehen, sondern daß wir uns in unserem Bemühen und in unserem Versagen immer wieder Gott hinhalten und uns über seine Barmherzigkeit freuen. Unsere Aszese ist nicht ein spiritueller Hochleistungssport, bei dem es auf unsere Leistung ankommt, sondern ein Weg in eine echte und tiefe Beziehung zu Gott und in eine Liebe, die auf Gottes barmherzige Liebe schaut und nicht narzißtisch um sich kreist. Viele Krankheiten entstehen aus dem narzißtischen Kreisen um sich selbst. Die narzißtische Störung, »völlig autark sein zu wollen, absolute Kontrolle anzustreben und stets der Größte sein zu müssen, wirkt sich destruktiv aus« (Overbeck 64) und endet häufig im Herzinfarkt. Mancher Fromme verwechselt seine Frömmigkeit mit narzißtischem Kreisen um seine eigene Vollkommenheit. Nur der Blick auf Gottes Barmherzigkeit kann uns innerlich frei machen und uns zu einer gesunden Selbstliebe führen. Das Bemühen um unsere Vollkommenheit wird uns dagegen heillos überfordern und in die Verzweiflung treiben.

Verbindend und nicht spaltend

Eine gesunde Spiritualität verbindet uns mit allen Menschen. Wir werden einander Brüder und

Schwestern. Wer in ehrlicher Selbsterkenntnis sich begegnet, der fühlt sich im Innersten mit allen Menschen solidarisch. Er spürt eine tiefe Einheit im Leiden an der menschlichen Gebrechlichkeit und in der Sehnsucht nach dem heilenden und befreienden Gott. Er weiß, daß alle die gleichen Wünsche und Bedürfnisse und die gleiche Würde haben, daß in allen ein Geheimnis ist, das sie übersteigt, ein göttlicher Kern, eine unantastbare Würde, die ihnen niemand zu rauben vermag.

Wenn eine Spiritualität die Menschen einteilt in Glaubende und Nichtglaubende, in Rechtgläubige und Ketzer, in Fromme und Unfromme, in Gute und Böse, dann ist das ein Zeichen einer krankmachenden Spiritualität. Wenn nach religiösen Besinnungstagen die Hälfte der Schulklasse von Christus begeistert ist und die andere nichts mehr von ihm wissen will und von den anderen als ungläubig abgestempelt wird, dann ist der Glaube, der dort vermittelt wurde, nicht der Glaube Jesu Christi. Jesus hat die Menschen nie so klassifiziert. Er hat gerade auch in den Sündern und Zöllnern den guten Kern und die Sehnsucht nach Gott gesehen und angesprochen. Der Glaube soll, wie es Benedikt in seiner Regel schreibt, die Starken herausfordern und die Schwachen ermutigen. Er soll uns einerseits nie in Ruhe lassen, andererseits uns nicht ständig mit einem schlechten Gewissen herumlaufen lassen. Das schlechte Gewissen ist nicht, wie es manche Priester meinen, Zeichen eines frommen Menschen, sondern weist eher darauf hin, daß jemand zu sehr um sich und seine

Vollkommenheit kreist, anstatt auf den barmherzigen Gott zu schauen, der ihn annimmt und an dem er sich dankbar freuen darf.

Eine verbindende Spiritualität ist immer auch eine Spiritualität, die Gemeinschaft stiftet. Sie bezieht sich nicht nur auf den einzelnen, sondern verweist ihn auf die Gemeinschaft, auf die Kirche. Christliche Spiritualität kann nur im Miteinander den Geist Jesu Christi leben, denn Jesus hat seine Jünger immer zu zweit ausgesandt, um Gottes Barmherzigkeit miteinander zu verkünden. Prophet kann man allein sein, um allein den Menschen Gottes Wort entgegenzuschleudern. Glaubwürdiger Verkünder der Frohbotschaft Jesu kann man nur in Gemeinschaft sein. Denn nur im Miteinander erfahren wir, wie sehr wir auf Gottes Barmherzigkeit angewiesen sind und wie wir nur aus ihr heraus miteinander menschlich leben können. Daher können wir über Gottes Barmherzigkeit nicht abstrakt sprechen, sondern nur, indem wir sie im Miteinander erfahren und leben. Eine Spiritualität, die den einzelnen isoliert und sich nur um das persönliche Seelenheil kümmert, widerspricht daher dem Geist Jesu.

Für eine verbindende und nicht spaltende Spiritualität ist die Frage nach unseren Beziehungen wichtig. Zu einem gesunden geistlichen Leben gehören gesunde menschliche Beziehungen. Wenn unser Alltag nur von funktionalen Beziehungen gefüllt ist, werden wir daran krank. Dann wird unser geistliches Leben nur noch funktionieren, aber nichts mehr ausstrahlen von der Güte und

Menschenfreundlichkeit Gottes. Damit unser geistliches Leben gesund und lebendig bleibt, brauchen wir gute menschliche Beziehungen, warmherzige und spielerische, in denen wir Zeit für den anderen verschwenden. Eine echte Freundschaft befruchtet auch das geistliche Leben. Das hat die monastische Tradition immer gewußt. Zu einer echten Freundschaft gehört aber eine gesunde Spannung zwischen Einsamkeit und Gemeinschaft. Sie darf kein Kleben am anderen sein, sondern ein freies Miteinander. Gute Einsamkeit führt uns zu Gott, aber eine negative Einsamkeit wird für viele zur Quelle von Krankheit. Die großen Mystiker waren immer auch Menschen, die gute Freunde hatten. Wenn ein frommer Mensch ganz einsam ist, ist es zumindest eine Anfrage, ob seine Frömmigkeit so stimmt oder ob sie nicht eine künstliche Isolierung in eine fromme Welt hinein ist. Es gibt heute Familien, die keine Freunde mehr haben. Das ist immer ein Zeichen, daß auch das Miteinander in der Familie nicht gut ist. Eine gesunde Spiritualität macht uns beziehungsfähig und läßt uns in echter Freundschaft offen werden für den menschlichen Gott, der uns in Jesus Christus nahe gekommen ist.

Weltbezogen und nicht weltentzogen

Für Benedikt ist die Arbeit ein Kriterium, ob das Gebet stimmt. Eine gesunde Spiritualität führt immer auch in den Alltag hinein und befähigt zu einer sachgerechten Bewältigung des Alltags mit seinen Anforderungen im Miteinander und in der Arbeit. Wenn einer in seiner Frömmigkeit ständig vor der Realität des Alltags flüchtet, ist sie nicht gesund. Sie ist dann nur ein Kreisen um sich selbst. Und alle religiösen Gefühle sind reiner Selbstgenuß und nicht ein Genießen Gottes, nicht Begegnung mit dem wahren Gott, der mich anspricht und herausfordert. Die Realitätskontrolle ist entscheidend für die Beurteilung einer Spiritualität. Wenn wir von einem Kurs zum anderen müssen, um vor der grauen Realität davonzulaufen, dann stimmt das geistliche Leben nicht. Denn es soll uns ja gerade dazu befähigen, ja zu sagen zu den Aufgaben, die Gott uns im Alltag stellt.

Die Realitätskontrolle für unser geistliches Leben bezieht sich vor allem auf die Art, wie wir arbeiten, ob wir kompliziert und unkonzentriert, unbeständig und antriebsgehemmt bei der Arbeit sind. Die Fehler, die wir bei der Arbeit machen, weisen auf Fehler in unserer Seele hin. Das komplizierte und antriebsgehemmte Verhalten zeigt, daß wir alle Energie für den eigenen Seelenhaushalt benötigen, so daß nichts mehr frei ist für ein Tun nach außen. Wir fahren dann gleichsam mit angezogener Handbremse, aus Angst vor dem Leben, letztlich aus Angst vor der Begegnung mit Gott. Wenn sich jemand ständig die Finger einquetscht und sich den Hammer auf die Zehen fallen läßt, dann ist das auch ein Ausdruck seiner inneren Unordnung und Zerrissenheit. Ja es kann sogar unbewußte Selbstbestrafung sein. Das Äußere ist immer ein Zeichen für das Innere. Die Handlungsebene ist eine entscheidende Quelle für unsere Selbsterkenntnis und für die Beurteilung, was die Frömmigkeit in uns bewirkt. Wenn fromme Menschen unkonzentriert und zerstreut bei der Arbeit sind, hat ihre Frömmigkeit offensichtlich keine formende und gestaltende Kraft. Sie verpufft wirkungslos und ist nur eine Gelegenheit, sich mit gutem Gewissen den Anforderungen des Lebens zu entziehen.

Eine weltbezogene Spiritualität greift in die Welt ein. Sie gestaltet und formt die Welt, sie wirkt heilend auf ihre Strukturen und sie handelt politisch zum Segen der Menschen, vor allem zum Segen der Armen und An-den-Rand-Gedrängten. Die Option für die Armen ist nicht nur ein Thema der Befreiungstheologie, sondern ein entscheidendes Kriterium für die Echtheit des Christentums. Eine Spiritualität, die auf das Jenseits vertröstet, ist Opium für das Volk. In Südamerika werden zur Zeit christliche Sekten vom amerikanischen Geheimdienst CIA finanziell unterstützt, die die Menschen in Begeisterung hineinsingen, an den sozialen und politischen Strukturen aber nichts ändern wollen, da sie das Kreuz sind, das wir zu tragen haben. Mit der Pervertierung der Religion will der CIA die Macht der katholischen Kirche brechen, die sich für die Armen einsetzt. Religion wird also mißbraucht, um ungerechte politische und wirtschaftliche Verhältnisse zu stabilisieren. Wer sich auf Jesus Christus berufen will, wehrt sich gegen solches Vereinnahmen. Er versucht,

Partei zu ergreifen für die Armen und durch sozialen und politischen Einsatz gegen die ungerechten Verhältnisse anzugehen. Dabei darf er natürlich nicht in der Weltveränderung aufgehen. Gerade weil er an ein jenseitiges Ziel glaubt, kann er sich gelassen und ohne die ohnmächtige Wut der Gewaltsamen für die Verbesserung der Verhältnisse einsetzen.

Gott suchen und nicht das Gefühl

Gotteserfahrung verheißen heute viele Formen von Spiritualität. Sie sprechen damit unser aller Sehnsucht an. Wir lassen uns auf den geistlichen Weg ein, um geistliche Erfahrungen zu machen, um Gott zu erleben. Das ist legitim und gut. Aber wir sind heute in Gefahr, beim Erlebnis und bei den Gefühlen stehenzubleiben. Das Erlebnis und das Gefühl werden wichtiger als Gott selbst und verdecken schließlich Gott. Da müssen wir uns den Protest aller Mystiker gefallen lassen, daß unsere Gedanken und Gefühle den wahren Gott verstellen können. Wenn uns die Gefühle wichtiger sind als Gott, werden wir nie zu Gott vorstoßen. Benedikt verlangt von seinen Mönchen, daß sie wahrhaft Gott suchen, daß sie in allen Gedanken und Gefühlen, in allen Erfahrungen und Erlebnissen nach dem wahren Gott suchen, der alle menschlichen Spiegelungen übersteigt.

Wir brauchen Erfahrung im Glauben. Es genügt nicht, von den Menschen nur zu fordern, daß sie halt glauben müssen. Wir müssen sie in die Erfahrung Gottes führen.[30] Und dazu gehört es auch, daß ihr Gefühl angesprochen wird und sich im Gottesdienst in Begeisterung ausdrücken darf. Aber wir müssen unsere Gefühle und Erfahrungen übersteigen auf den wirklichen Gott hin. Wir dürfen nicht stehenbleiben bei den Gefühlen, wir dürfen unseren Glauben nicht an den Gefühlen messen. In den Gefühlen können wir Gott berühren, aber wenn wir zu sehr auf die Gefühle schauen und sie genießen möchten, entschwindet uns Gott. Wir bleiben nur bei uns selbst stehen. Im Gefühl projizieren wir unsere Bilder auf Gott und verstellen uns den Blick auf den wahren Gott. Nur wenn wir die Bilder als Fenster für Gott benutzen, sind sie hilfreich. Wenn wir aber immer fragen, was uns ein Gottesdienst oder eine Meditation bringe, dann verzwecken wir Gott. H. Bremond meint, der Panhedonismus, der überall nach der Lust, nach dem schönen Gefühl suche, sei eine große Gefahr für das geistliche Leben und hindere es am Wachsen.[31] Eine Spiritualität, der es wirklich um Gott geht und nicht in erster Linie um die Gefühle, ist eine nüchterne Spiritualität. Ambrosius spricht von der nüchternen Trunkenheit des Geistes (sobria ebrietas), die er der blinden Begeisterung gegenüberstellt. Die Mystiker sprechen von Bildern der Kreatur, an denen wir gerne hängen bleiben. Und sie meinen, wenn eine Kreatur sich in uns einbildet und uns die Bedrängnis nimmt, dann wird sie in uns geboren, aber nicht Gott. Es geht darum, daß wir uns nicht von Gefühlen und Erlebnissen die Bedrängnis nehmen lassen, sondern von Gott. Gott will in uns geboren werden. Der Weg zu dieser Gottesgeburt geht über das Gedränge, über Krisen und Dunkelheiten, über Wüstenstrecken und Trockenheiten und über ein tiefes inneres Schweigen. Wer sich unter den Leistungsdruck der Erfahrung stellt, kann solche Wüstenwege nicht akzeptieren. Für ihn sind sie Zeichen mangelnder Frömmigkeit. Wir bräuchten doch nur mehr beten und noch mehr unser Leben Gott übergeben, dann würden wir Gott auch immer spüren. Doch die Mystiker sagen uns, daß wir ohne diesen Reinigungsweg der Wüste nicht zum wahren Gott vorstoßen, sondern nur an den eigenen Projektionen und dem eigenen Gefühl hängen bleiben.

Paulus weist die Korinther in ihrer Sucht nach ekstatischer Erfahrung auf den königlichen Weg der Liebe. Nicht die ekstatische Erfahrung Gottes ist das Kriterium für unsere Spiritualität, sondern der Weg der Liebe, gerade auch der alltäglichen Liebe, die den Alltag annimmt als Ort der Gottesbegegnung. An der Liebe wird unser Leben gemessen, nicht an der Erfahrung. Diese Liebe führt aber nicht nur zu einem anderen Verhalten den Menschen gegenüber, sondern in eine neue Beziehung zu Gott, in die Intimität mit Gott. Die Liebe ist nicht mit moralischen Maßstäben zu messen, sondern mit dem Maßstab der Lebendigkeit. Die Liebe will mich lebendig machen. Sie will mich öffnen für die intime Nähe zu Gott, für eine Nähe, in der ich alles, was in mir ist, Gott hinhalte und ihm sage, was ich sonst niemandem sagen würde. Das Gebet könnte der Ort dieser Intimität mit Gott sein.[32] In ihm lasse ich Gott ganz nahe an mich heran. Ich lasse mich von ihm treffen und sage ihm, wonach ich mich im Tiefsten sehne. Ich sage ihm die innersten Gefühle und Gedanken, vor denen ich mich sonst geniere, weil sie zu persönlich, zu ungeschützt, zu kindlich sind. Aber indem ich so intim werde mit Gott, wird in mir etwas lebendig. Da bricht der Panzer zusammen, den ich mir in meiner aszetischen Disziplin aufgebaut habe, da geht es nicht mehr um meine Vollkommenheit, sondern nur um diesen Gott, dem ich alles hinhalte, alles übergebe, in den ich mich liebend fallen lasse. Aber so eine intime Gottesliebe führt immer auch zur liebenden Offenheit für die Menschen, zu einer alltäglichen Liebe, die sich konkret in einem fairen und ehrfürchtigen Miteinander zeigt, in dem einer dem anderen Raum läßt, sich zu entfalten, und in dem einer den anderen an seine unantastbare Würde erinnert.

Ein Kriterium, ob wir wirklich Gott suchen und nicht das Erlebnis, ist die Bereitschaft zur Stille. Wer in seiner Frömmigkeit immer beschäftigt sein muß, wer immer etwas zu tun hat, wer immer laut beten oder singen muß, weicht mit dem Schweigen auch Gott aus. Er ordnet Gott in seine Gebete ein und schreibt ihm vor, wie er zu sein hat. Aber er hat Angst davor, Gott ungeschützt zu begegnen, sich von ihm in Frage stellen zu lassen. Eine echte Gottesbegegnung braucht aber das schweigende Beten als den Ort, an dem wir uns Gott ungeschützt hinhalten, an dem wir vor ihm alles in uns auftauchen lassen, was in uns ist, Ahnungen, daß manches in uns doch nicht so stimmt, Ahnungen, daß wir uns etwas vormachen, daß wir an uns und an Gott vorbeileben. Wir brauchen das Schweigen als Weg, um wirklich mit Gott eins zu werden, mit dem Gott, der uns als Person gegenübertritt und uns liebend anschaut und anspricht, und mit dem Gott, der in uns ist als unser innerster Grund. In diesem Einssein mit Gott kommt unser geistlicher Weg ans Ziel. In der Einheit mit Gott werden wir auch eins mit uns selbst, eins mit allen Menschen und mit der ganzen Schöpfung. Auf dem Weg der Einheit wird nichts in uns ausgeklammert, alles wird angesprochen und alles in die Beziehung zu Gott gebracht, auch das Dunkle, auch unser Schatten.

Indem alles in uns auf Gott bezogen wird, kann es auch lebendig werden und unsere Liebe zu Gott vertiefen. Dann wird alles in uns Gott preisen, auch die Schakale und Strauße und alle wilden Tiere, wie Jesaja sagt. (Jes 43,20) Auch unsere Triebe werden Gott loben, auch das Wilde und Ungebändigte in uns. Wir brauchen keine Angst mehr zu haben vor irgendwelchen Schakalen in uns, die uns von hinten anfallen. In einer moralisierenden Spiritualität lebt man ständig in der Angst vor diesen wilden Tieren, die uns heimlich überfallen könnten. Wer alles vor Gott hält, wird in sich eine große Freiheit und Lebendigkeit, Weite und Gelassenheit erfahren, er wird etwas spüren von dem Leben in Fülle, das Christus uns schenkt.

Ganzheitlich und nicht einseitig

In einer gesunden Spiritualität muß der ganze Mensch angesprochen und von der Erlösung durch Christus erfaßt und verwandelt werden. Nicht nur Verstand und Wille, sondern auch Herz und Gefühl, nicht nur der Geist, sondern auch der Leib, nicht nur das Bewußte, sondern auch das Unbewußte müssen Thema und Aufgabe des geistlichen Lebens sein. Zum geistlichen Weg gehört das Hören auf den Leib, der oft viel ehrlicher ist als wir selbst. Wenn eine Frömmigkeit mit vielen und starken psychosomatischen Störungen verbunden ist, müssen wir zumindest wachsam sein. Wir dürfen zwar Spiritualität nicht mit körperlicher Gesundheit identifizieren, aber grundsätzlich müssen wir anerkennen, daß der Leib ausdrückt, was in unserer Seele ist. Und wir sollten darauf hören, was Gott uns durch den Leib sagt, durch Krankheiten, durch Verspannungen, durch Nervosität, durch Schlafstörungen usw. Bei Frommen zeigen psychosomatische Störungen häufig, daß Aggressionen und Sexualität durch ein falsches Verständnis der Botschaft Jesu und durch einen falschen Asketismus verdrängt oder unterdrückt werden. Eine solche Störung wäre dann eine Herausforderung, zu der Freiheit heranzureifen, zu der Christus uns befreit hat. (Vgl. Gal 5,1)

Die oft gehäuft auftretenden Krankheiten bei Priestern und Ordensleuten oder in religiösen Bewegungen sind ein Zeichen, daß man noch nicht zu dieser Freiheit Jesu Christi vorgestoßen ist, sondern sein Leben durch mißverstandene Frömmigkeit einschränkt und schädigt.

Wenn einseitig der Verstand, der Wille oder das Gefühl angesprochen werden, ist es für den Menschen nie gut. Die Frömmigkeit muß sich auch mit dem Verstand konfrontieren, sie muß vor ihm bestehen können, und sie muß den Willen einbeziehen und das Gefühl, das nach Ausdruck verlangt. Alle Kräfte der Seele müssen in gleicher Weise hineingenommen werden in die Beziehung zu Gott. Auch das Unbewußte soll für Gott geöffnet werden, indem wir in den Träumen nach Gottes Stimme fragen. Erst wenn alles in die Beziehung zu Gott kommt, wird der Mensch heil und ganz. Jede Abspaltung eines menschlichen Bereiches verursacht Krankheit. Und in der Abspaltung liegt die eigentliche Schuld, nicht im Übertreten von Geboten. Schuld bedeutet vom Wortsinn her Spaltung. Der Mensch will etwas vor sich und vor Gott verstecken, weil er es selbst nicht anschauen will. Und so spaltet sich ein Teil von ihm ab. Der Mensch lebt gespalten, er ist nicht mehr heil und ganz. Und das Abgespaltene verfolgt ihn und blockiert ihn. Der Schuldige traut Gott nicht zu, daß er auch den abgespaltenen Teil erlösen und verwandeln kann.

Zu einer ganzheitlichen Spiritualität gehört, daß sie zugleich männlich und weiblich ist. Die männliche Seite zeigt sich in der Disziplin und Askese, in der Anstrengung des Willens, in der Planung und Gestaltung des geistlichen Lebens und im Versuch, unsere Fehler in Griff zu bekommen.

Weiblich ist die Spiritualität, wenn sie das Leben in uns wachsen läßt, wenn sie nicht gleich ungeduldig alles selbst schaffen will, sondern Gottes Geist Raum gibt, daß er in uns wirken kann. In der weiblichen Spiritualität gehen wir behutsam mit uns um. Anstatt gewaltsam alles Negative aus uns auszurotten, lassen wir das Gute in uns wachsen, schaffen wir in uns die Voraussetzungen, daß das Gute sich stärker entfalten kann als das Negative. Diese Form des geistlichen Lebens hat Jesus im Auge, wenn er uns aufruft, das Unkraut nicht sofort auszureißen, weil wir mit ihm auch den Weizen ausreißen würden. »Laßt beides wachsen bis zur Ernte.« (Mt 13,30)

Die weibliche Spiritualität kommt auch in den Heilungsgeschichten zum Ausdruck, in denen Jesus mütterlich und liebevoll mit den Menschen umgeht. Wir haben dieses weibliche Element nötig, weil wir in unserem geistlichen Leben oft allzu hart und grausam gegen uns kämpfen. Wir wüten häufig gegen uns, weil wir uns unsere Fehler und Schwächen nicht verzeihen können. Askese sehen wir als etwas Männliches, als harten Kampf gegen unsere Laster. Das ist ein wichtiger Aspekt, aber er führt auch oft zur Ablehnung von uns selbst. Wir sollten zumindest die weibliche Seite der Spiritualität genauso in uns entfalten. Auch im geistlichen Leben sollen wir gut mit uns umgehen, wir sollten Formen des Gebetes oder der Meditation finden, auf die wir uns freuen können. Wie eine Mutter sollten wir uns selbst liebevoll und zärtlich behandeln und darauf vertrauen, daß das Gute in uns stärker wächst als das Böse. Unser geistliches Leben braucht beides: das Formen und Gestalten und das Wachsenlassen, es braucht das Auf und Ab, das Einatmen und Ausatmen, das Zulassen und Eingreifen, das Väterlich-Fordernde und das Mütterlich-Zärtliche.

Demütig und nicht stolz

Für die alten Mönche und für Benedikt ist die Demut das Kriterium, ob eine Spiritualität echt ist oder nicht. Ein Mensch kann noch so viel fasten und beten, wenn er es dazu benützt, bei den Menschen etwas zu gelten, hilft es ihm nicht weiter. So testen die Altväter einander, wenn sie sich besuchen, ob der andere demütig und gelassen ist oder aber empfindlich und hart gegen andere. Die Demut ist für sie der Prüfstein für die Echtheit der Askese. Wir tun uns heute schwer mit dem Begriff der Demut. Sie meint aber nichts anderes als den Mut zur Wahrheit, als den Mut, sich so anzunehmen, wie man ist, mit seinen Stärken und Schwächen. Das lateinische Wort für Demut, humilitas, zeigt, daß Demut etwas mit Boden und Erde zu tun hat. Es meint also, daß wir mit beiden Füßen auf der Erde stehen, daß wir Berührung haben mit dem Humus, mit dem fruchtbaren Mutterboden. Humus hängt zusammen mit Humor. Die Demut ist nicht verbissen, sondern kann humorvoll sich selbst annehmen. So führt sie über die ehrliche Selbsterkenntnis zu einem tiefen Frieden, zu einer barmherzigen Liebe, zu stiller Freude und zum Humor. Torello sagt über diese Demut:

Die Demut, die echt christliche Demut, die einfach und friedfertig ist, die eigene Realität und Beschränkung erkennt und annimmt, ist der Prüfstein der falschen Spiritualität, der falschen Mystik. Der hl. Johannes Climacus sagte: »Das einzige, was die Dämonen nicht zu imitieren imstande sind, ist die Demut.« Die wahrhaft heiligen und verinnerlichten Menschen empfinden eine große Scham ob der Gaben, die sie von Gott erhalten haben, und nur aus Gehorsam schreiben sie über sich selbst. Die Scheinheiligen schreiben jedoch, im Gegensatz zu jenen, tonnenweise Memoiren, geistige Tagebücher, Gebete und zeigen sie gern den andern. (Torello 36)

Wir hoffen, daß die Kleinschriften nicht unter die Kategorie des Scheinheiligen fallen. Aber es gibt einen Umgang mit geistlichen Erfahrungen, der bei aller Frömmigkeit von einem Stolz geprägt ist, der peinlich wirkt. Die Demut ist leise. Sie macht nichts aus sich und aus den geistlichen Erfahrungen. Sie sind einfach da.

Die Demut verurteilt nicht, sie läßt den anderen gelten. Sie zeigt, daß ein Mensch sich selbst begegnet ist, daß er seine eigene Ohnmacht erfahren hat und in dieser Ohnmacht die Wirklichkeit der Gnade Gottes. Der Weg zu Gott führt immer auch über unsere Ohnmacht. Wenn wir uns darin Gott ergeben und übergeben, dann erfahren wir etwas von der Freiheit der Kinder Gottes. Wir müssen uns zwar anstrengen und an uns arbeiten. Aber trotz aller Arbeit werden wir erkennen, daß wir für uns nicht garantieren können, daß wir aus uns und unserer eigenen Kraft nicht gut sein können. Das demütige Eingeständnis dieser Ohnmacht macht uns frei für den barmherzigen Gott. Wir erkennen, daß alles Gnade ist und daß Gottes Gnade gerade in unserer Schwachheit zur Vollendung kommt. Das ist keine Haltung der Resignation, sondern der Freiheit und Weite, der Gelassenheit und Freude. Wir sind frei von allem krampfhaften Streben nach eigener Vollkommenheit. Wir können uns wirklich in Gottes barmherzige Liebe fallen lassen und in ihr für immer geborgen sein. Hermann Hesse beschreibt diese Erfahrung so:

Der Weg der Menschwerdung endet unweigerlich in der Verzweiflung, nämlich mit der Einsicht, daß es ein Verwirklichen der Tugend, ein völliges Gehorchen, ein sittsames Dienen nicht gibt, daß Gerechtigkeit unerreichbar, daß Gutsein unerfüllbar ist. Diese Verzweiflung führt nun entweder zu Untergang oder aber zu einem dritten Reich des Geistes, zum Erleben eines Zustandes jenseits von Moral und Gesetz, ein Vordringen zu Gnade und Erlöstsein, zu einer neuen höheren Art von Verantwortungslosigkeit, oder kurz gesagt, zum Glauben.[33]

Echte Spiritualität führt immer zu einem tiefen Frieden und zu einer stillen Freude. Der Geist Gottes kann in uns natürlich auch einmal explodieren. Aber das ist nur ein Lockmittel. Auf Dauer bewirkt der Geist eine stille Demut in uns. Wer ständig laut von seinen Gotteserfahrungen erzählen muß, merkt gar nicht die Egozentrik seiner Frömmigkeit. Das Wort der Apostel: »Wir können unmöglich schweigen über das, was wir gesehen und gehört haben« (Apg 4,20), darf nicht vorschnell dazu mißbraucht werden, allen von unseren vermeintlichen Gotteserfahrungen zu erzählen, mit denen wir uns nur selbst interessant machen wollen. Wir sollen von Gott erzählen, von dem, was wir als sein Tun und Wirken gesehen und erfahren haben, aber nicht von uns selbst. Wahre Spiritualität, so meinen die Mönche, führt zu einer demütigen Haltung der Offenheit und Gelassenheit, des Friedens und der Barmherzigkeit, die den anderen sanfter und zugleich dauerhafter für Gott gewinnt als lautes Tönen von großen Gotteserfahrungen.

Die Kriterien für eine echte und gesunde Spiritualität hat schon Paulus im Galaterbrief aufgezählt: »Die Frucht des Geistes aber ist Liebe, Freude, Friede, Langmut, Freundlichkeit, Güte, Treue, Sanftmut und Selbstbeherrschung.« (Gal 5,22) Dem ist nichts zuzufügen. Wo diese Früchte sind, da ist Gottes Geist am Werk. Wo aber Enge und Angst, Härte und Verurteilen sind, da ist auch Gottes Geist nicht am Werk, sondern unser eigener Geist, ein Ungeist, der sich gerne auf Gottes Geist berufen möchte. Leider gibt es heute Frömmigkeitsrichtungen, die den Menschen krank machen, die ihn heillos überfordern, die ihn mit einem ständig schlechten Gewissen herumlaufen lassen und ihn so in eine permanente innere Zerrissenheit hineinführen. In einer gesunden Spiritualität gehen wir gut und sanft mit uns um und werden durch die Begegnung mit Gott heil und ganz, gesund und froh, gelassen und zugleich lebendig.

Schluß

Eine Spiritualität, die sich auf den Geist Jesu berufen will, wird den Menschen an Seele und Leib gesund machen. Dabei ist jedoch nicht an einen äußerlichen Begriff von Gesundheit gedacht. Die Echtheit unserer Spiritualität zeigt sich nicht im Grad unserer körperlichen Gesundheit. Wir dürfen uns nicht unter einen neuen spirituellen Leistungsdruck stellen, als ob jede Krankheit auf einen Mangel an Spiritualität hinweist. Wir wissen, daß uns ein geistliches Leben körperlich und seelisch gesund machen kann und uns gesund hält. Aber Gott kann uns auch die Krankheit schicken, um uns auf unsere Grenze hinzuweisen, und als Chance, wirklich ihn zu suchen und nicht nur unsere Gesundheit. Die Krankheit gehört wesentlich zu uns. Es wäre fatal, wenn wir meinten, ein gesundes geistliches Leben würde uns von jeder Krankheit entheben. Das wäre Stolz. Die Demut erkennt an, daß wir Menschen sind, die Grenzen haben und sie auch haben dürfen, die immer wieder krank werden, um in unserer Krankheit dem eigenen Schatten zu begegnen. Die Krankheit kann ein Ort echter und tiefer Gottesbegegnung werden. Wenn wir in unserer Krankheit auf Gott hören und uns ihm übergeben, dann sind wir mitten in unserer Krankheit heil, dann wird die Krankheit zur Quelle des Segens für uns und für andere. Obwohl krank, spüren wir Frieden in uns und eine stille Freude und Dankbarkeit über den Gott, der uns gerade auch in der Wunde der Krankheit berühren möchte.

Die eigene Gesundheit ist eine geistliche Aufgabe. Es genügt nicht, sich mit Medikamenten gesund zu halten. Um gesund leben zu können, müssen wir geistlich leben. In einem geistlichen Leben wird der ganze Mensch angesprochen, nichts wird ausgeklammert, nichts abgespalten. So kann alles heil und gesund werden. Aber auch die Krankheit ist eine geistliche Aufgabe. Sie ist ein Anruf Gottes, das Geheimnis unseres Lebens zu erkennen, das nicht im Fitsein besteht, sondern darin, daß wir von Gott geschaffen und geliebt sind, daß wir auf dem Weg sind, ihm offen und unverhüllt im Tod zu begegnen und in seine barmherzigen Arme zu fallen. Ob gesund oder krank, wir leben immer vor dem gegenwärtigen Gott und haben unseren Wert darin, daß Gott uns anspricht und anschaut, ja daß er durch uns und in uns ein Wort spricht, das nur durch uns in dieser Welt erklingen möchte, ein einmaliges Wort, das in unserem Leben für andere hörbar werden möchte. Unser Wert besteht darin, daß Gott schon in uns wohnt. Und der Gott, der in uns wohnt, wird uns auch in der Wohnung erwarten, die Christus uns beim Vater bereitet hat. Ob gesund oder krank, wir gehen auf den Gott zu, der heilen und verwunden kann, der uns

Gesundheit und Krankheit zumutet, damit wir ihn in beidem erfahren als das wahre Heil und die wahre Gesundheit.

Anmerkungen

[1] Ken Wilber, Mut und Gnade, München 1996.

[2] Ebd. S. 295.

[3] Vgl. dazu H. Schipperges, Alte Wege zu neuer Gesundheit. Modelle gesunder Lebensführung, Bad Mergentheim 1983.

[4] Vgl. zum Ganzen F. Teegen, Ganzheitliche Gesund heit. Der sanfte Umgang mit uns selbst, Hamburg 1984, S. 256. Die Zahlen im Text mit Teegen beziehen sich im Folgenden auf dieses Buch, dem wir viele Anregungen verdanken.

[5] G. Overbeck, Krankheit als Anpassung. Der sozio-psychosomatische Zirkel, Frankfurt 1984, S. 36. Die Seitenzahlen im Folgenden mit Overbeck beziehen sich auf dieses Buch.

[6] F. Weinreb, Vom Sinn der Krankheit, Weiler, 1979, S. 5.

[7] Ebd. S. 66.

[8] H. Schipperges, Alte Wege zu neuer Gesundheit, Bad Mergentheim 1983, S. 20. Die folgenden Darlegungen gehen auf dieses Buch zurück. Die Zahlen im Text mit Schipperges beziehen sich darauf.

[9] G. Vescovi, Biorhythmus und Stundengebet. Vortragsmanuskript.

[10] Vgl. A. Grün, Träume auf dem geistlichen Weg, Münsterschwarzacher Kleinschriften Band 52, Münsterschwarzach, 1989.

[11] Vgl. ebd.

[12] Vgl. F. Weinreb, Traumleben. Überlieferte Traumdeutung, Weiler 1982.

[13] G. Groddeck, Krankheit als Symbol, Frankfurt 1979, S. 144.

[14] Vgl. H. Jellouschek, Männer und Frauen – auf

dem Weg zu neuen Beziehungsformen, Vortrag am 21.10.1988 in Lindau vor der int. Gesellschaft für Tiefenpsychologie, Manuskript, S. 3.

15 Vgl. A. Grün, Einswerden. Der Weg des hl. Benedikt, Münsterschwarzacher Kleinschriften Band 36, Münsterschwarzach 1986.

16 Evagrius Ponticus, Antirrhetikon. Vgl. dazu A. Grün, Einreden, Münsterschwarzacher Kleinschriften Band 19, Münsterschwarzach 1982.

17 Vgl. O. C. Simonton, Wieder gesund werden. Eine Anleitung zur Aktivierung der Selbstheilungskräfte für Krebspatienten und ihre Angehörigen, Hamburg 1982.

18 Vgl. dazu A. Grün, Einreden.

19 Zit. in M. Dufner, Heilung durch Heiligung. Die Regel des hl. Benedikt als Weg zu ganzer Gesundheit, in: Der deutsche Apotheker, 12 (1984), S. 642-648. Die folgenden Gedanken gehen auf diesen Artikel zurück.

20 Die Regel des heiligen Benedikt, hrsg. im Auftrag der Salzburger Äbtekonferenz, Beuron, 3. Auflage 1990. Dort auch die folgenden mit RB gekennzeichneten Zitate.

21 M. J. Zilch, Ambivalenz und Ganzheit, Regensburg 1973, S. 139. Zit. bei Dufner.

22 Vgl. A. Louf, Demut und Gehorsam bei der Einführung ins Mönchsleben, Münsterschwarzacher Kleinschriften Band 5, Münsterschwarzach 1979, S. 18.

23 V. Frankl, Leiden am sinnlosen Leben, Freiburg 1980, S. 11 u. 75, zit. in Dufner.

24 Vgl. A. Grün, Einswerden.

25 Vgl. Simonton, Wieder gesund werden.

26 Vgl. H. Schipperges, Hildegard von Bingen. Ein Zeichen für unsere Zeit, Frankfurt 1981.

27 Vgl. A. Grün, M. Reepen, Heilendes Kirchenjahr. Das

Kirchenjahr als Psychodrama, Münsterschwarzacher Kleinschriften Band 29, Münsterschwarzach 1986.

28 Nach dem niederländischen Theologen Cornelius Jansen, † 1638, benannte katholische theologische Richtung im 17. und 18. Jahrhundert in Frankreich.

29 J. B. Torello, Neurose und Spiritualität, in: Christ 34 (1988) S. 33-35. Die Zitate mit Torello beziehen sich auf diesen Artikel.

30 Vgl. dazu A. Grün, Wenn du Gott erfahren willst, öffne deine Sinne, Münsterschwarzach 2000.

31 Vgl. H. Bremond, Das wesentliche Gebet, Regensburg 1936.

32 Vgl. dazu W. Müller, Intimität, Mainz 1989.

33 H. Hesse, Briefe. Erweiterte Ausgabe, Frankfurt 1964, S. 389.

Die Lebenskunst der Klöster

Münsterschwarzacher Kleinschriften

1	Anselm Grün, **Gebet und Selbsterkenntnis**	1979/2002
3	F. Ruppert/A. Grün, **Christus im Bruder**	1979/2004
6	Anselm Grün, **Der Umgang mit dem Bösen**	1980/2001
7	Anselm Grün, **Benedikt von Nursia**	1979/2004
11	Anselm Grün, **Der Anspruch des Schweigens**	1980/2003
13	A. Grün, **Lebensmitte als geistliche Aufgabe**	1980/2001
17	F. Ruppert/A. Grün, **Bete und Arbeite**	1982/2003
18	Jean Lafrance, **Der Schrei des Gebetes**	1983
19	Anselm Grün, **Einreden**	1983/2001
22	Anselm Grün, **Auf dem Wege**	1983/2002
23	Anselm Grün, **Fasten**	1984/2001
25	Guido Kreppold, **Die Bibel als Heilungsbuch**	1985/2004
26	M. Dufner/A. Louf, **Geistl. Begleitung i. Alltag**	1985/2006
28	M. W. Schmidt, **Christus finden i. d. Menschen**	1985
29	Grün/Reepen, **Heilendes Kirchenjahr**	1985/2001
31	Basilius Doppelfeld, **Mission**	1985
32	Anselm Grün, **Glauben als Umdeuten**	1986/2002
36	Anselm Grün, **Einswerden**	1986/2003
37	Brakkenstein Com., **Regel f. e. neuen Bruder**	1986
39	Anselm Grün, **Dimensionen des Glaubens**	1987/2004
41	Johanna Domek, **Gott führt uns hinaus ins Weite**	1987
44	Anselm Grün/Petra Reitz, **Marienfeste**	1987/2001
46	Anselm Grün/Michael Reepen, **Gebetsgebärden**	1988/2002
47	Emmanuela Kohlhaas, **Es singe das Leben**	1988
50	Anselm Grün, **Chorgebet und Kontemplation**	1988/2002
52	A. Grün, **Träume auf dem geistlichen Weg**	1989/2001
57	Grün/Dufner, **Gesundheit als geistliche Aufgabe**	1989/2001
58	Anselm Grün, **Ehelos – des Lebens wegen**	1989/2003
59	Dumitru Staniloae, **Gebet und Heiligkeit**	1990
60	Anselm Grün, **Gebet als Begegnung**	1990/2001
61	Basilius Doppelfeld, **Mission als Austausch**	1990
62	Abeln/Kner, **Kein Weg im Leben ist vergebens**	1990/2003
63	R. Faricy/R. J. Wicks, **Jesus betrachten**	1990
64	Anselm Grün, **Eucharistie und Selbstwerdung**	1990/2002
65	Basilius Doppelfeld, **Ein Gott aller Menschen**	1991

67	A. Grün, **Geistl. Begleitung b. d. Wüstenvätern**	1992/2002
68	Anselm Grün, **Tiefenpsych. Schriftauslegung**	1992/2002
71	Anselm Grün, **Bilder von Verwandlung**	1993/2001
73	Wunibald Müller, **Meine Seele weint**	1993/2001
75	Herbert Alphonso, **Die Persönliche Berufung**	1993/2002
76	Anselm Grün/Gerhard Riedl, **Mystik und Eros**	1993/2001
77	Gabriele Ziegler, **Der Weg zur Lebendigkeit**	1993
79	Fidelis Ruppert, **Der Abt als Mensch**	1993
80	Boniface Tiguila, **Afrikanische Weisheit**	1993
81	Anselm Grün, **Biblische Bilder von Erlösung**	1993/2001
82	A. Grün/M. Dufner, **Spiritualität von unten**	1994/2002
84	Mauritius Wilde, **Ich versteh' dich nicht!**	1994/2004
85	R. Abeln/A. Kner, **Das Kreuz mit dem Kreuz**	1994
86	Fidelis Ruppert, **Mein Geliebter, die riesigen Berge**	1995
87	Basilius Doppelfeld, **Zeugnis und Dialog**	1995
90	Fidelis Ruppert, **Intimität mit Gott**	1995/2002
92	Anselm Grün, **Leben aus dem Tod**	1995/2001
93	Anselm Grün, **Treue auf dem Weg**	1995
94	Edgar Friedmann, **Ordensleben**	1995
95	Hermann M. Stenger, **Gestaltete Zeit**	1996
96	Basilius Doppelfeld, **Bleiben**	1996
97	Christian Schütz, **Mit den Sinnen glauben**	1996
98	Karin Johne, **Wortgebet und Schweigegebet**	1996
99	Anselm Grün, **Das Kreuz**	1996/2005
100	A. Grün/A. Seuferling, **Schöpfungsspiritualität**	1996/2002
101	Basilius Doppelfeld, **Lassen**	1996
102	Anselm Grün, **Wege zur Freiheit**	1996/2003
103	G. Kreppold, **Krisen – Wendezeiten im Leben**	1997/2001
104	Irmgard und Peter Abel, **Familienleben**	1997/2002
106	Anselm Grün, **Exerzitien für den Alltag**	1997/2001
107	Karl-Friedrich Wiggermann, **Das geistliche Wort**	1997
108	F. Ruppert/A. Stüfe, **Der Abt als Arzt ...**	1997
109	H. Nouwen, **Unser Heiliges Zentrum finden**	1998/2003
110	Georg Braulik, **Zivilisation der Liebe**	1998
111	Wunibald Müller, **Wenn du ein Herz hast ...**	1998
112	G. Kreppold, **Selbstverwirkl. od. Selbstverleugnung?**	1998
113	Basilius Doppelfeld, **Erinnern**	1998
114	Anselm Grün, **Zerrissenheit**	1998/2001

115 K.-F. Wiggermann, **Spiritualität und Melancholie** 1998
116 Reinhard Körner, **Was ist Inneres Beten?** 1999/2002
117 Christa Carina Kokol, **Wie bist du, Gott?** 1999
118 Gabriele Ziegler, **Sich selbst wahrnehmen ...** 1999
120 Anselm Grün, **Vergib dir selbst** 1999/2001
121 D. Koller, **Trinitarisch glauben, beten, denken** 1999
122 G. Kreppold, **Träume – Hoffnung für das Leben** 1999/2001
124 Basilius Doppelfeld, **Loslassen und neu anfangen** 2000/2002
127 Wunibald Müller, **Dein Herz lebe auf** 2000/2002
128 Anselm Grün, **Entdecke das Heilige in Dir** 2001
129 Guido Kreppold, **Esoterik** 2001
130 Mauritius Wilde, **Der spirituelle Weg** 2001
131 J. Domek, **Das Leben wieder spüren** 2001/2006
132 Alfred Läpple, **Der überraschende Gott** 2002
134 Klaus-Stefan Krieger, **Gewalt in der Bibel** 2002
135 Hubert Luthe/Máire Hickey, **Selig bist du** 2002
136 Meinrad Dufner, **Schöpferisch sein** 2002
137 B. Ulsamer/M. Hell, **Wie hilft Familien-Stellen?** 2003
138 Lothar Kuld, **Compassion – Raus aus der Ego-Falle** 2003
139 Peter Abel, **Neuanfang in der Lebensmitte** 2003
140 Wunibald Müller, **Dein Weg aus der Angst** 2003
141 Klaus-Stefan Krieger, **Was sagte Jesus wirklich?** 2003
142 A. Grün/R. Robben, **Gescheitert? – Deine Chance!** 2003
143 Meinrad Dufner, **Rollenwechsel** 2004
144 Bertold Ulsamer, **Zum Helfen geboren** 2004
145 A. Grün/W. Müller, **Was macht Menschen krank ...?** 2004
146 Peter Modler, **Lebenskraft Tradition** 2004
147 Gruber/Steins, **Mit Gott fangen die Schwierigkeiten ...** 2005
148 Guido Kreppold, **Die Kraft des Mysteriums** 2005
149 Peter Modler, **Gottes Rosen** 2005
150 Jonathan Düring, **Der Gewalt begegnen** 2005
151 Wunibald Müller, **Allein – aber nicht einsam** 2005
152 B. Ulsamer, **Lebenswunden – Hilf. zur Traumabewaltig.** 2006
153 Olav Hanssen, **Dein Wille geschehe** 2006
154 Reinhard Körner, **Dunkle Nacht** 2006
155 Jonathan Düring, **Wild und fromm** 2006
156 Guido Kreppold, **Dogmen verstehen** 2006
157 Peter Abel, **Gemeinde im Aufbruch** 2006

158 Michael Plattig, **Prüft alles, behaltet das Gute!** 2006
159 Paulus Terwitte/Peter Birkhofer, **Ich bin gerufen** 2007
160 Wunibald Müller, **Atme auf in Gottes Nähe** 2007
161 Anselm Grün, **Alles ist mir Himmel** 2007
162 Meinrad Dufner, **Kirchen verstehen** 2007
163 Jochen Sautermeister, **Glück und Sinn** 2007
164 Johannes Füllenbach, **Dein Reich komme** 2007
165 Wunibald Müller, **Atme in mir** 2008
166 Kirsner/Böhm, **Wo finden wir die blaue Fee?** 2008
167 Michael Plattig, **Ich wähle alles!** 2008
168 Katharina Schridde, **Den mütterlichen Gott suchen** 2008
169 Christoph Gerhard, **Astronomie und Spiritualität** 2008
170 Meinrad Dufner, **Seele ist Körper** 2009
171 Anselm Grün, **Lebensträume** 2009

Die Titel dieser Reihe sind auch im **Abonnement** zu beziehen. Gerne informieren wir Sie unter Tel. 09324/20-292 über diese Möglichkeit.